1日にとりたい食品と量がわかる

きほんの献立練習帳

朝日新聞出版

1日に何を何皿食べたらいい？
栄養バランスのよい献立を立てましょう

　昭和のはじめ、栄養の知識が乏しかった国民の健康増進を図るために、女子栄養大学を創立された香川綾先生は、誰もが実践できることを第一と考えて、「主食は胚芽米、副食は魚1豆1野菜4」を提唱して、周知の実績を残されました。ところが今では、多くの人が十分すぎるほどの教育を受けていながら、栄養の知識が日常の食事に結びついていません。「バランスのとれた食事」が望ましいと誰もが知ってるのに、では、何をどれくらい食べればよいの？と聞かれて、具体的に答えられる人はほとんどいないでしょう。

　年齢や性別、体格、身体を動かす程度などは人それぞれに違うので、個々人に必要なエネルギーや栄養素の量に見合った献立を立てることは意外と難しいものです。そこで少なくとも何か目安があれば、極端に偏った食生活をせずにすむのではないかと思い「3つの色の食品群」を考えました。

　「3つの色の食品群」は、子供のころに学んだ赤色、緑色、黄色の「3色食品群」をもとにしながら、いも類を黄色から緑色に移したものです。じゃがいもやさつまいもはビタミンCや食物繊維が多いので野菜として扱うことが出来ますし、献立を立てる上で便利だからです。

　「3つの色の食品群」では、卵と牛乳は冷蔵庫にあり、魚か肉のどちらかで主菜が決まれば赤色食品がとれ、八百屋に行けば緑色食品がそろい、黄色食品は、米や麺、パンです。あとは、その量を皿数でおぼえれば、迷わずに献立が立てられ、買い物ができるでしょう。

　皿数で数えることのもう一つの利点は、外食が多い人や一人暮らしの人でも、バランスのとれた食事が実行できることです。昨日は油物が多かったので、今日は軽くするという心積もりで十分です。皿数を意識した献立づくりを、今日から始めてみて下さい。

松本仲子

おぼえることは
これだけです！

（1日にとりたい食品群）

ウオイチ
（ニクイチ）

ギュウニュウニハイニ

ゴハンハシッカリ

マメイチ　タマゴイチ

ヤサイハゴサラ

オヤツハクダモノ

1日にとりたい食品と量がわかる
きほんの献立練習帳 目次

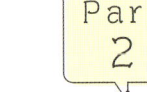 基本のバランス献立
Part 2
9日分！

1日に何を何皿食べたらいい？ ……………… 2
おぼえることはこれだけです！ ……………… 4
この本の使い方 …………………………… 8

column 栄養バランスって何でしょう？ ……… 10

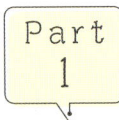 バランスのとれた
Part 1
食事の基本

**1日に必要な栄養量を
料理の皿数で覚えましょう**

1　3つの色の食品群を基本にする ……………… 12
2　3つの色の食品群から1日に食べたい料理を考える … 13
3　基本の料理の皿数を覚えましょう ………… 14
4　個人に合わせて料理の皿数を調節する …… 16
5　野菜料理はたっぷりと ……………………… 18
6　食品の取り合わせ方アイデア ……………… 19
7　塩分のとりすぎには注意を ………………… 19

**1日に必要な食品をバランスよくとる
献立の基本** …………………………………… 20

満足度の高い 献立の立て方4箇条 ………… 22

1　味やテクスチャーに変化をつける ………… 22
2　彩りに気をつける …………………………… 23
3　熱い料理と冷たい料理を組み合わせる …… 24
4　調理法が重ならないようにする …………… 25

column 献立ドリル① …………………………… 26

献立の基本構成のこと ……………………… 28

● 基本の献立1日目
基本になる1日献立 ……………………………… 30
● 基本の献立2日目
朝・昼を軽く、夜たっぷり食べましょう ……… 32
● 基本の献立3日目
食材数を増やしたいときはスープを具だくさんに … 34
● 基本の献立4日目
若い人にも作りやすいバランス献立 …………… 36
● 基本の献立5日目
前日カロリーをとりすぎたら、翌日は軽めにするのがコツ … 38
● 基本の献立6日目
洋食と和食を1日の中で組み合わせて ………… 40
● 基本の献立7日目
ラーメンも副菜をたっぷりつけてバランスよく … 42
● 基本の献立8日目
1日の中で主食を変えて献立に変化をつけて …… 44
● 基本の献立9日目
前日に肉をしっかり食べたら、翌日は和食中心に … 46

**こんなとき、どう考える？
複数の食材を使った料理がメインの献立** …… 48

1　ちらし寿司がメインの献立 ………………… 48
2　カレーライスがメインの献立 ……………… 49
3　肉じゃがメインの献立 ……………………… 49
4　酢豚がメインの献立 ………………………… 50
5　ロールキャベツがメインの献立 …………… 50
6　炒り鶏がメインの献立 ……………………… 51
7　寄せ鍋がメインの献立 ……………………… 51

ライフステージ別 献立の立て方のポイント … 52

❶幼児の場合／❷小学生の場合 ………………… 53
❸中高生の場合／❹高齢者の場合 ……………… 54
❺ダイエットしている人の献立ポイント
❻スポーツをしている人の献立ポイント ……… 55

column 献立ドリル② …………………………… 56

Part 3 組み合わせ自由自在！定番のおかずレシピ 〝お皿で数える栄養量〟

ウオイチ（ニクイチ） ……… 58
- 切り身魚 ……… 59
- 青魚 ……… 63
- 魚介類 ……… 66
- 貝類 ……… 68
- 鶏肉 ……… 70
- 豚肉 ……… 74
- 牛肉 ……… 76
- ひき肉 ……… 78
- 肉＋野菜のおかず ……… 80

マメイチ ……… 82
- 豆腐 ……… 83
- 大豆・豆 ……… 85
- 納豆 ……… 87

(column) 冷や奴＆納豆バリエ ……… 89

タマゴイチ ……… 90
- 卵 ……… 91

ギュウニュウニハイニ ……… 96
- 牛乳・生クリーム ……… 97
- チーズ ……… 99

(column) 食材の旬を知りましょう ……… 101

ヤサイハゴサラ ……… 102

＊緑黄色野菜
- アスパラガス ……… 104
- オクラ ……… 105
- かぼちゃ ……… 106
- 小松菜 ……… 107
- 絹さや＆さやいんげん ……… 108
- 春菊 ……… 109
- チンゲン菜 ……… 110
- トマト ……… 111
- にら ……… 112
- にんじん ……… 113
- ピーマン ……… 114
- パプリカ ……… 115
- ブロッコリー ……… 116
- ほうれん草 ……… 117
- 水菜 ……… 118

＊淡色野菜
- かぶ ……… 119
- カリフラワー ……… 120
- キャベツ ……… 121
- きゅうり ……… 122
- ごぼう ……… 123
- セロリ ……… 124
- 大根 ……… 125
- 玉ねぎ ……… 126
- なす ……… 127
- 白菜 ……… 128
- もやし ……… 129
- レタス ……… 130
- れんこん ……… 131

＊いも・きのこ
- じゃがいも ……… 132
- 里いも ……… 133
- さつまいも ……… 134
- 山いも ……… 135
- きのこ ……… 136

(column) 汁物・スープ ……… 138

ゴハンハシッカリ ……… 144
- ごはん ……… 145
- 麺 ……… 147
- パスタ・パン ……… 149

(column) 標準計量スプーン・計量カップ1杯の重量 ……… 151

オヤツハクダモノ ……… 152

(column) 食品の重量の目安 ……… 154

食材別料理さくいん ……… 156

この本の使い方

必要な栄養量を

Part1 バランスのとれた食事の基本

まずは「1日に何をどれだけ食べればよいか」を理解しましょう

献立を立てる際に大切な3つの色の食品群、皿数の数え方、1日30品目を簡単に摂取できる献立の基本をまずは覚えましょう。さらに、個人に合わせた料理の皿数の調節の仕方、味や彩り、温度、調理法の変化のつけ方もマスターしましょう。

3つの色の食品群にはどんな食品が含まれているのか、栄養と働きを解説。

基本の料理の皿数の数え方をわかりやすくレクチャー。朝、昼、夜の組み合わせ方がわかる！

Part2 基本のバランス献立 9日分！

献立の立て方を9パターンの1日の献立例をみながら実行しましょう

基本の料理の皿数の数え方に従って立てた、1日の献立例を9パターン紹介。基本の献立パターンの横には、皿数の表をつけているので、どのように組み合わせたかがひと目でわかります。高齢者や若い人の献立例も紹介。

超基本の献立例を紹介しながら、朝、昼、夜の献立のポイントもわかりやすく解説。

1皿に複数の食材を使った料理の場合の副菜の組み合わせ方を紹介。

お皿で数えましょう

本書では、1日に必要な栄養量を満たす献立の立て方を、お皿で数える方法でわかりやすく解説しています。毎日の献立作りにチャレンジしてみましょう。

Part3
組み合わせ自由自在！
定番のおかずレシピ

基本の皿別の定番のおかずレシピを組み合わせて献立を立てましょう

献立の立て方がわかったら、それぞれの皿に対するレシピを使って、実際に献立を作りましょう。「ウオイチ(ニクイチ)」「マメイチ」「タマゴイチ」「ギュウニュウニハイニ」「ヤサイハゴサラ」「ゴハンハシッカリ」別にレシピを紹介します。

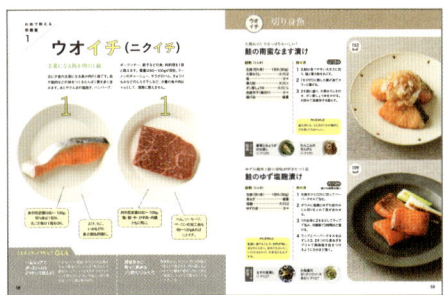

→ 「**ウオイチ(ニクイチ)**」は肉と魚のメインおかずを複数紹介。

→ 「**マメイチ**」は大豆、豆腐、納豆、油揚げなどのメインおかずを紹介。

→ 「**タマゴイチ**」は卵1個を使った玉子焼き、オムレツなどのメインおかずを紹介。

→ 「**ギュウニュウニハイニ**」は牛乳、チーズ、ヨーグルトを使ったメインおかず＆スープ＆主食レシピ集。

→ 「**ヤサイハゴサラ**」は緑黄色野菜、淡色野菜、いも・きのこのサブおかず集。

→ 「**ゴハンハシッカリ**」は主食となるごはん、麺、パン料理のレシピ集。

column

栄養バランスって何でしょう?

「栄養バランスのとれた食事」を心がけましょうと言われても、イマイチよくわからない人も多いのでは?
まんべんなく体に必要な栄養素をとることが重要です。

	炭水化物	脂質	たんぱく質	ビタミン	ミネラル	食物繊維
魚・肉	ー	△	○	△	△	ー
大豆・大豆製品	△	△	○	△	△	○
卵	ー	△	○	ー	○	ー
牛乳・乳製品	ー	△	△	△	○	ー
野菜	ー	ー	ー	○	○	○
いも	○	ー	ー	○	△	△
きのこ・海藻	ー	ー	ー	△	○	○
穀類	○	ー	△	△	△	△

エネルギーになる
炭水化物、脂質等が関わる。生きるために必要なエネルギーを供給する栄養素。

体の構成要素
骨や体の組織・筋肉・血液をつくる栄養素で、脂質、たんぱく質、ミネラルが関わる。

体の調子を整える
体の機能を調整する栄養素で、たんぱく質、ビタミン、ミネラル、脂質が一部関わる。

一つの栄養素では生きられません

栄養素は人体の構成要素だったり、生活や成長に必要なエネルギーを生成したり、生理機能の調整などを行っています。栄養素を効率よく利用するには、ほかの栄養素の働きが必要になります。限られた栄養素ばかりを摂取し、バランスがとれていないと効率的に利用されず、生命を維持できないのです。

Part 1

バランスのとれた
食事の基本

1日に必要な栄養量を満たす献立を立てる前に、バランスのとれた食事の基本をおさえましょう。3つの色の食品群や皿数の数え方の基本、味、テクスチャー、彩り、温度、調理法の変化のつけ方などをマスターしましょう。

1日に必要な栄養量を
料理の皿数で覚えましょう

栄養バランスがとれた献立を作るには、いったいどうすればいいのでしょうか？
3色の食品群を基本にして、料理の皿数を数えて組み合わせると、
自然にバランスのとれた食事をとることができます。

ルール1　3つの色の食品群を基本にする

食品そのものに含まれている栄養素の働きから、3つの食品グループに分けたものを「3つの色の食品群」と呼びます。血や筋肉をつくるたんぱく質や、骨や歯をつくるカルシウムが多い食品は「赤」の食品群、体の調子をよくするビタミン、ミネラル、食物繊維が多い食品は「緑」の食品群、体温やエネルギーになる炭水化物が多い食品は「黄」の食品群に分けられます。この3つの色の食品群を一日の中でまんべんなく食べることで、偏りのない栄養バランスのとれた食生活を送ることができます。

3つの色の食品群

赤色群		緑色群	黄色群
魚介類　肉　　牛乳・乳製品　大豆・大豆製品　卵		緑黄色野菜　淡色野菜　果物　いも・きのこ　海藻	ごはん　麺　パン
体をつくる（血や筋肉）	体をつくる（骨や歯）	身体の調子をよくする	体温調節をしたりエネルギーになる
たんぱく質	カルシウム	ビタミン　ミネラル　食物繊維	炭水化物

ルール 2 3つの色の食品群から1日に食べたい料理を考える

赤、緑、黄色の食品群から、実際に献立を考えてみましょう。赤の食品群は、主にたんぱく質、カルシウムを含む食品で、肉や魚介類、卵、大豆・大豆製品を指します。これらはメインのおかず（主菜）として考えます。また、緑の食品群は、主にビタミン、ミネラル、食物繊維を多く含む緑黄色野菜、淡色野菜、いも・きのこ・海藻を指し、これらはサブおかず（副菜）にあたります。そして、黄の食品群は炭水化物の多いごはん、麺、パンなどの主食になるもの。これらを1日の中で組み合わせていくことが大切です。

1日に必要な栄養量を料理の皿数で覚えましょう

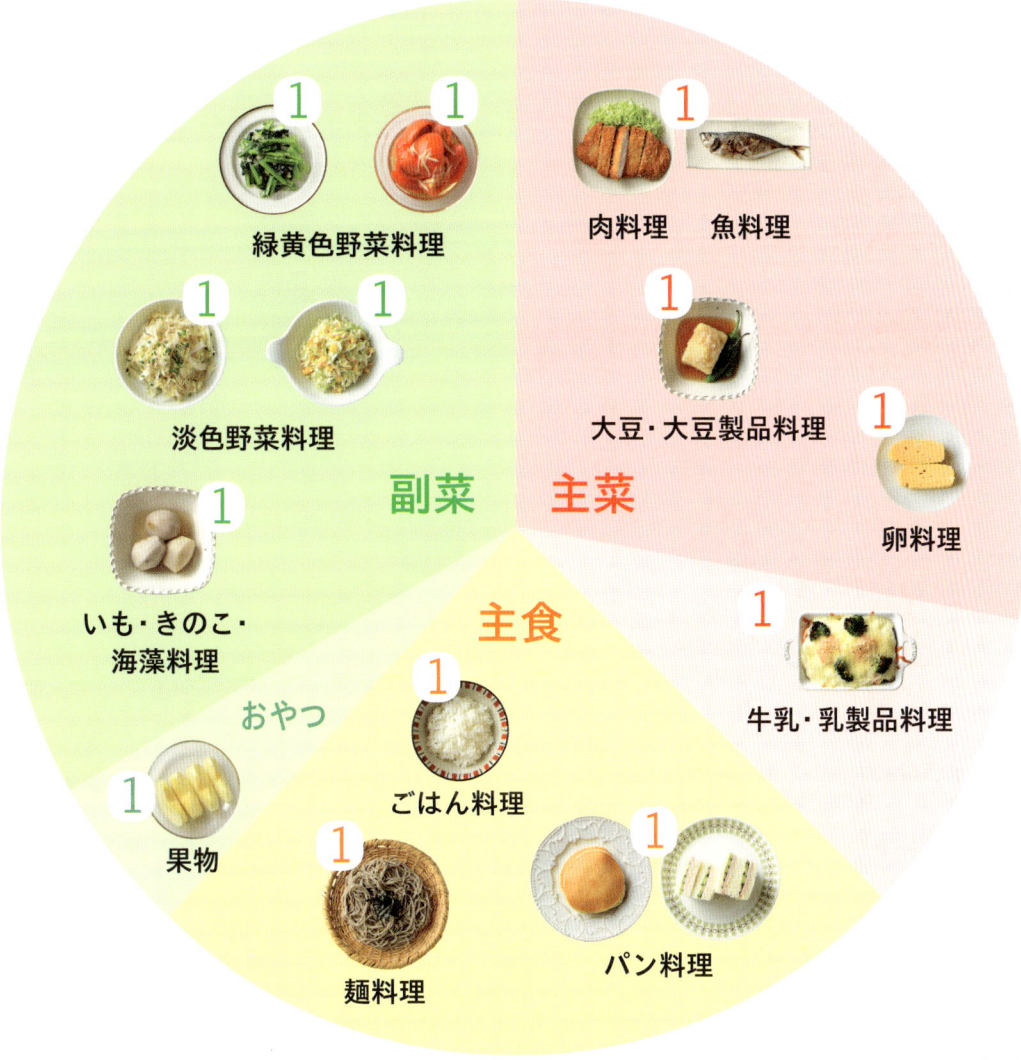

ルール3 基本の料理の皿数を覚えましょう

1日の食事でとりたい主食やおかずの基本量は、「**魚1（皿）、豆1（皿）、卵1（皿）、牛乳2（杯）に、野菜は5（皿）、ごはんはしっかり、おやつは果物**」です。これを「**ウオイチ、マメイチ、タマゴイチ、ギュウニュウニハイニ、ヤサイハゴサラ、ゴハンハシッカリ、オヤツハクダモノ**」と呪文のように覚えます。この皿の数を覚えたら、あとはその皿を朝、昼、夜の中で組み合わせるだけです。そうすることで、3色の食品群をまんべんなく取り入れられ、バランスのとれた理想的な献立が作れます。

1日14皿を朝・昼・夜に分けるだけだから、献立作りもラクラク！！

ウオイチ（ニクイチ）
魚・肉料理どちらか1皿

動物性たんぱく質を多く含む魚、肉のどちらかの料理を1日1皿。目安量は魚なら1切れ、薄切り肉なら3枚ほど。

目安重量： 1皿（80〜100g）

マメイチ
大豆・大豆製品料理1皿

植物性たんぱく質を多く含む大豆・大豆製品料理を1日1皿。五目豆や納豆などは40〜50g、豆腐は100gぐらいが目安。

目安重量： 1皿（納豆40gまたは水煮大豆50gまたは豆腐100g）

タマゴイチ
卵1個分の料理1皿

良質なたんぱく質の豊富な卵料理を1日1皿。卵は1個（50g）が基本。玉子焼き、目玉焼きなど。

目安重量： 1皿（50g）

ギュウニュウニハイニ
牛乳1杯 ＋ チーズかヨーグルト40g

カルシウム豊富な牛乳・乳製品を1日2杯。牛乳1杯はグラス少なめの120㎖、チーズとヨーグルトは40gを1杯分と考えて。

目安重量： 牛乳2杯（240g）チーズかヨーグルトなら40g

ヤサイハゴサラ

 緑黄色野菜 2皿

βカロテン、ビタミンCなどが豊富な色の濃い緑黄色野菜は1日2皿。トマト、ほうれん草、ブロッコリーなど。

目安重量： 1皿（70〜100g）

 淡色野菜 2皿

ビタミンCなどが豊富な淡色野菜は1日2皿。1日の目安重量は緑黄色野菜と同様。白菜、キャベツ、カリフラワーなど。

目安重量： 1皿（70〜100g）

いもきのこ 1皿

食物繊維が豊富ないも・きのこは1日1皿。日替わりでいもときのこを食べるようにするとバランスがとれる。

目安重量： 1皿（70〜100g）

ゴハンハシッカリ
ごはん・麺・パン1食1皿

体のエネルギーになる炭水化物の豊富なごはんやパン、麺の主食は1日3皿しっかりと。

目安重量： ごはん1杯150g
食パン（6枚切り）2枚（120g）
ゆでうどん1玉（250g）

オヤツハクダモノ
りんご、ぶどう、みかんなど1皿

おやつはスナック菓子や甘いケーキは避け、果物を1日1皿取り入れましょう。果物は野菜の代わりにはしないこと。

目安重量： 1皿（100g）

> **最初はシンプルな料理から始めるとコツがつかみやすい**
>
> 献立を立てるときに皿数を数える場合は、慣れるまでとまどうことも多いでしょう。最初は1皿の料理はなるべくシンプルなものを選びましょう。Part3で紹介している料理はすべて1〜2食品で作ったものなので、組み合わせるときに利用してみましょう。

1日に必要な栄養量を料理の皿数で覚えましょう

☀ 朝の献立

- **タマゴイチ** ……… オムレツ
- **ヤサイハゴサラ①** ……… ほうれん草とベーコンのソテー
- **ヤサイハゴサラ②** ……… ポテトサラダ
- **ゴハンハシッカリ** ……… ロールパン

memo
オムレツをメインにした洋風の朝食献立。手軽なロールパンを主食に、ほうれん草とベーコンのソテーは緑黄色野菜1皿、ポテトサラダはいも1皿と数えます。ここに牛乳を添えても。

温かい主菜には、冷たいサラダが好相性。

ほうれん草とベーコンのソテーのベーコンは＋αと考えます。

間食　**ギュウニュウニハイニ** ……… チーズ

昼の献立

- **マメイチ** ……… 納豆のかき揚げ
- **ヤサイハゴサラ③** ……… かぶの甘酢漬け
- **ゴハンハシッカリ** ……… そうめん

かぶの甘酢漬けは淡色野菜1皿として数えます。

納豆のかき揚げは、納豆の他に三つ葉やみょうがを使っていますが、＋αと考えてマメイチと数えます。

memo
冷たいそうめんに合わせるなら、アツアツのかき揚げがおすすめ。そうめんのようなあっさりとした主食にはたんぱく質の納豆と野菜を使ったかき揚げで満足度をアップ。かぶの甘酢漬けでさっぱりと。

間食　**ギュウニュウニハイニ** ……… 牛乳
　　　　オヤツハクダモノ ……… りんご

🌙 夜の献立

- **ウオイチ（ニクイチ）** ……… ビーフステーキ
- **ヤサイハゴサラ④** ……… にんじんのグラッセ
- **ヤサイハゴサラ⑤** ……… レタスとのりのサラダ
- **汁物** ……… 玉ねぎスープ
- **ゴハンハシッカリ** ……… 白米ごはん

memo
朝と昼の献立でとれていない皿を夕飯で補います。肉1皿、緑黄色野菜1皿、淡色野菜1皿を取り入れる献立を考えます。ビーフステーキで肉をとりすぎたら、翌日には白身魚で調節しましょう。

玉ねぎスープの野菜とベーコンは特にカウントせず。

食材を30品目揃えたいときは、スープなどで品数を増やして。

ルール4 個人に合わせて料理の皿数を調節する

どうして？

個人の性別・年齢・活動量によって必要なエネルギー量が変わるため

健康を維持・増進するために、また、成長期では発育、発達のために、何をどれだけ食べればよいかの基準を示した「日本人の食事摂取基準」。必要なエネルギー量は個人の体重差、どのような生活をしているかによって異なってきます。性別、年齢別の基準量は右の表の通りです。まずは活動量「普通」で考えてみましょう。あまり動かない人は「低い」の数字を参考にします。

1日に必要なエネルギー（単位：kcal）

性別	男性		女性	
活動量	普通	低い	普通	低い
18〜29歳	2650	2300	2050	1750
30〜49歳	2650	2250	2000	1700
50〜69歳	2400	2050	1950	1650
70歳〜	1850	1600	1550	1350

How To?

2000kcalを基準として不足分、過剰分は魚・肉、卵、牛乳・乳製品を主食で調節を

この本で紹介している1日の献立例は、30〜49歳の活動量が普通女性に合わせた1日約2000kcalを基準にしています。個人の年齢や性別、活動量によって、エネルギーの必要量が変わるので、自分に合った必要なエネルギー量に合わせて食事量を調節します。エネルギー源になるのは、脂質と炭水化物です。1700kcal以下にしたいときや、やせたいときは赤色群と緑色群の食品はそのままにして、主食と油を減らすことがポイントになります。また、2000kcal以上にしたいときは全体的に量を多めにします。100〜120kcalの単位の食材の重量をおぼえておくと便利です。

ex) 2000kcalの献立 ----------------> 2300kcalにしたいとき

朝　昼　夜

\+

300kcal分、
魚・肉、卵、牛乳・乳製品、
主食などの量を全体的に多くする

1700kcalにしたいとき（やせたいとき）

赤色群、緑色群はそのままにしてごはんを少なく、油を控える
➡ 150gのごはんを100gにすると、3食で300kcal減らすことができます。

ルール5 野菜料理はたっぷりと

野菜は皿の数を揃えればよいわけではありません。一番大切なのは一皿の野菜の量です。コンビニ弁当などに入っている野菜は30～50g、定食の野菜は50～70gと言われています。基本は、1皿70～100gを目標とします。コンビニ弁当や外食では野菜の量は足りません。本書のレシピの多くは100g単位なので、何度も作って食べることで、弁当や外食でとった野菜のだいたいの量を把握できるようになります。昼に外食をした日は、その分夜に多めに野菜を食べるなどの調節をしましょう。

コンビニ弁当では…

野菜総重量 30～50g

揚げ物や焼き魚など、たんぱく質がメインのコンビニ弁当は、野菜は本当に少ししか入っていません。ひじきの煮物やほうれん草のあえ物を食べたとしても、30～50gと不足しています。

定食では…

野菜総重量 50～70g

定食についているサラダは、野菜の量が多く見えるので、食べた気になりがち。漬け物や添えの野菜を食べたとしても、多くても70gぐらいしか食べられません。

1皿は…

＝野菜総重量70～100gを目標に！

本書のレシピは100g単位のものがほとんど。献立によって、野菜の量を調節してもいいですが、70～100gを目標に食べましょう。緑黄色野菜、淡色野菜、いも・きのことバランスよく。

ヤサイハゴサラだから…

×5＝350～500g摂取可能！！

1日の中で、緑黄色野菜2皿、淡色野菜2皿、いも・きのこ1皿を組み合わせて食べるため、野菜を1日に350～500g摂取することも可能です。目標の野菜摂取量もラクにクリアできます。

ルール6 食品の取り合わせ方アイデア

基本の皿数「ウオイチ、マメイチ、タマゴイチ、ギュウニュウニハイニ、ヤサイハゴサラ、ゴハンハシッカリ、オヤツハクダモノ」が理想的ですが、そう上手くいかないときもあるでしょう。そんなときは、魚・肉・卵、豆・豆製品、牛乳・乳製品の「赤色群」の中で4皿とる、緑黄色野菜、淡色野菜、いも・きのこ類の「緑色群」から5皿というように、各食品群から融通して取り合わせてもいいでしょう。

基本の料理の皿数が揃わないとき…

ウオイチ、マメイチ、タマゴイチが揃わない…

赤色群の中から
4皿 と考える

ヤサイハゴサラが理想的に揃わない…

緑色群から
5皿 と考える

1日に必要な栄養量を料理の皿数で覚えましょう

ルール7 塩分のとりすぎには注意を

生活習慣病予防のためには、摂取カロリーだけでなく、塩分摂取量を抑えることも大切です。日本人の食事摂取基準（2015年度）では1日男性8g、女性7g未満が理想的とされています。薄味にはなかなか慣れないと思いがちですが、下のグラフのように4～5日ぐらいから薄味に慣れていきます。大切なことは、一度に薄くしないことです。少し薄くして慣れてきたら、また薄くすることをくり返します。本書では塩分を控えめに設定しているので、レシピ通りにまず調理をして、どうしても足りないときは、食卓で塩やしょうゆを少し補うようにしましょう。そのうちに薄味をおいしいと感じるようになります。すまし汁の塩分濃度は0.5～0.6％が普通です。このすまし汁の塩分を味わって薄いと感じたら塩分をとりすぎている証拠です。

☆塩味テストをしてみよう！☆

0.5％塩分濃度のすまし汁

鍋にだし汁3カップを入れてひと煮立ちさせ、塩小さじ⅓、しょうゆ小さじ1を入れて温める。麩12個、3cmに切った三つ葉2本を入れて完成。このすまし汁を食べてどう感じるかで、塩分のとりすぎをチェック。

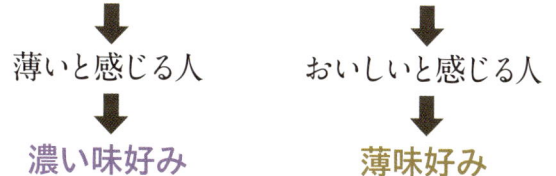

薄いと感じる人 → **濃い味好み**

おいしいと感じる人 → **薄味好み**

■すまし汁0.6％、味噌汁0.8％塩分濃度の汁に慣れるのに要した日数

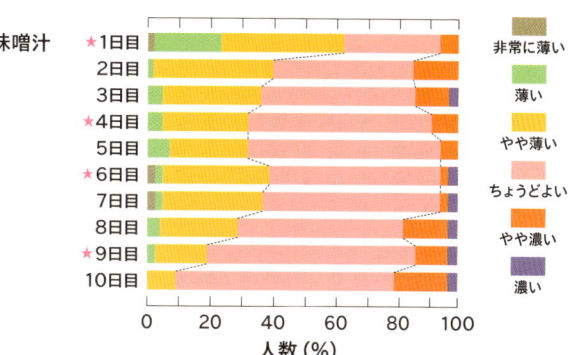

1日に必要な食品をバランスよくとる献立の基本

必要な微量成分をまんべんなく摂取するためには、
食品を幅広く摂取する必要があります。
どのようにして献立作りをしたらいいのか考えてみましょう。

☆理想的なバランス献立を立ててみましょう☆

ハンバーグやポテトサラダは、1皿を1食品の料理として示しますが、ハンバーグには玉ねぎやパン粉、ポテトサラダにはきゅうりや玉ねぎが入っています。それでも1日多品目をとるのは難しいのですが、ラーメンを食べるときは、皿数の野菜とは別にキャベツを加えたり、煮魚にわかめ、大根おろしにじゃこ、ほうれん草のお浸しに削り節をのせると、品数が増えるだけでなく、おいしさも本格的に。

1 基本の料理の皿数はそのまま

皿数は「魚1皿、大豆・大豆製品1皿、卵1皿、牛乳2杯、野菜5皿、ごはん3皿、果物1皿」の14皿を揃えましょう。ここで、最低でも14品目はとれていることになります。

2 1皿に＋α（アルファ）
（料理自体が複数食材のもの、1皿に食材を添えるもの）

14皿の中に、料理自体が複数食材のものや、1皿にトッピングや添えの食材があるものを増やしていきましょう。ハンバーグなら大根おろしと青じそ、豆腐のけんちん汁などの数種類の食材を含む料理を取り入れて。

合びき肉
玉ねぎ
パン粉
大根おろし
青じそ
→5品目

ハンバーグ
ひき肉だねに入っている合びき肉、玉ねぎ、パン粉、トッピングの大根おろし、青じそを数えます。

中華麺
ほうれん草
チャーシュー
メンマ
煮卵
長ねぎ
→6品目

ラーメン
ラーメンは単品だと栄養バランスが悪いので、トッピングで品数を増やすのがコツ。

ほうれん草
かつお節
→2品目

ほうれん草のお浸し
お浸しはそのままより、削り節やごまなどをトッピングして、品数を増やすだけでなくおいしさもプラス。

大根
にんじん
ごぼう
里いも
長ねぎ
こんにゃく
豆腐
→6品目

豆腐けんちん汁
豆腐けんちん汁のように、具だくさんの汁物は品数を増やすのに最適。数種類の根菜を煮ると味わいが深くなります。

＊ 1日に必要な食品と＋α（アルファ）の数え方 ＊

ウオイチ
生鮭（切り身）
大根おろし
→2品目

鮭の南蛮なます漬け➡P59

マメイチ
木綿豆腐
豚ひき肉
長ねぎ
→3品目

麻婆豆腐➡P84

タマゴイチ
卵
生クリーム
ミニトマト
玉ねぎ
→4品目

オムレツ➡P91

ギュウニュウニハイニ
牛乳
→1品目

牛乳
鶏もも肉
玉ねぎ
にんじん
じゃがいも
マッシュルーム
→6品目
クリームシチュー➡P98

ヤサイハゴサラ①
にんじん
レーズン
→2品目

にんじんのサラダ➡P113

ヤサイハゴサラ②
ピーマン
ちりめんじゃこ
→2品目

ピーマンとじゃこの炒め物➡P114

ヤサイハゴサラ③
カリフラワー
たらこ
パセリ
→3品目

カリフラワーのタラモサラダ➡P120

ヤサイハゴサラ④
かぶ
ベーコン
にんにく
→3品目

かぶとベーコンのロースト➡P119

ヤサイハゴサラ⑤
まいたけ
大根おろし
しょうが
→3品目

おろしきのこ➡P136

ゴハンハシッカリ

ごはん
→1品目

そば
刻みのり
→2品目

トースト
→1品目

オヤツハクダモノ
キウイフルーツ
→1品目

満足度の高い 献立の立て方4箇条

食品の揃え方がわかったら、1食の中で味や彩り、温度、調理法などの組み合わせを考えましょう。大満足の献立を立てるための4箇条をおさえておいしい献立を作りましょう。

1 味やテクスチャーに変化をつける

バランスのよい献立は、味やテクスチャー（食感）に変化をつけるのがポイントです。味には甘味、塩味、酸味、苦味、旨味があります。1食の中で同じ味が重ならないように気をつけましょう。また、同じ食感が重なることもNG。歯ごたえ、口当たり、舌ざわり、歯切れ、のどごしなどのテクスチャーで変化をつけるといいでしょう。主菜も副菜も全部がやわらかい煮物になったり、しょうゆ味ばかりが重なったりするとバランスが悪くなるので注意しましょう。

味 | 甘味 | 塩味 | 酸味 | 苦味 | 旨味

が1食の中でバランスよく

テクスチャー | 歯ごたえ | 口当たり | 舌ざわり | 歯切れ | のどごし

に変化をつける

組み合わせ例

OK

NG

メイン料理を鶏のトマト煮にするときは、副菜はかぼちゃのサラダで甘味を組み合わせて。もう一品組み合わせるなら、カリフラワーのピクルスの酸味、キャベツのスープの旨味でバランスよく。ピクルスは歯ごたえがあり、全体のアクセントに。

ぶりの照り焼き、いかと大根の煮物、ごぼうのきんぴらは、同じしょうゆとみりん味なので味が濃く、バランスが悪くなります。みそ汁も添えてしまうと、塩分のとりすぎに。ごぼうのきんぴらを酢の物に、煮物をだしを効かせた薄味に変えるなどしてバランスを整えて。

2 彩りに気をつける

バランスのいい献立は、彩りに気をつけることもポイントです。食材の彩りの要素として「白、茶、赤、黄、緑」があります。これらの彩りが異なる食材を選んで組み合わせることで、見た目の美しさはもちろん、栄養バランスもよくなります。また、おいしそうに感じる色は決まっていて、赤やオレンジ、黄などの色は食欲増進に役立ち、反対に黒や紫は食欲を減退させる色です。また、緑は補色の効果もあり、赤やオレンジ、黄の色を引き立てる役割もあり、料理をおいしく見せます。

彩り | 白 | 茶 | 赤 | 黄 | 緑

の5食の色をちりばめる

組み合わせ例

OK

主菜　豚のしょうが焼き ➡ P74（緑・茶）
副菜　コールスローサラダ ➡ P121（赤・黄・白）

豚のしょうが焼きは茶色なので、緑のサラダ菜を添えることで、色鮮やかに。副菜は、白、黄色、オレンジ（赤）の彩りのいいコールスローを添えて。

NG

主菜　鶏の照り焼き ➡ P70（茶）
副菜　かぶの中華風煮浸し ➡ P119（白）

鶏の照り焼きの茶色とかぶの白のみの組み合わせ。彩りが寂しく、物足りない献立に。栄養バランスも悪いので、もう一品、トマトやピーマンなどの色の濃い野菜を使った副菜を添えるなど工夫を。

OK

主菜　あじフライ ➡ P64（緑・茶）
副菜　パプリカのピクルス ➡ P115（赤・黄）

茶色のあじフライにはたっぷりのキャベツの緑を添えてバランスよく。レモンの黄色もフライをおいしそうに感じさせます。副菜はパプリカの鮮やかな赤と黄色の組み合わせで食欲増進にも。

NG

主菜　牛肉のしぐれ煮 ➡ P77（茶）
副菜　じゃがいもの甘辛煮 ➡ P132（茶）

しぐれ煮、甘辛煮ともに、茶色一色の組み合わせ。見た目に地味な上、食欲が減退します。ここに緑や赤、黄色、白の要素を。冷や奴やほうれん草のお浸しなどを組み合わせても。

3 熱い料理と冷たい料理を組み合わせる

1食の中で熱い料理と冷たい料理を組み合わせるとおいしさもUPします。例えば、アツアツの揚げ物には、冷たいサラダやせん切りキャベツがよく合います。また、シチューなどの煮込み料理には、ピクルスやサラダを添えると味のバランスが整います。

逆に刺身などの冷たい料理には、肉じゃがや煮浸しなどの熱い料理を組み合わせるのがおすすめ。ただし、寒い冬には、揚げ物と炒め物、煮込み料理と炒め物などの熱×熱、暑い夏には刺身とあえ物、冷たいそうめんとお浸しなどの冷×冷の組み合わせもOK。

温度 熱い料理と冷たい料理を組み合わせる

組み合わせ例

OK

主菜 熱 クリームシチュー ➡ P98 ＋ **副菜** 冷 セロリとツナのサラダ ➡ P124

コトコト煮込むクリームシチューには、冷たいサラダを添えると味のバランスがよくなります。バゲットのトーストやガーリックトーストを添えるとさらにおいしい。

NG

主菜 熱 鶏のから揚げ ➡ P70 ＋ **副菜** 熱 キャベツとアンチョビの炒め物 ➡ P121

アツアツのから揚げに、炒め物の組み合わせは油のとりすぎに。油っぽい揚げ物には、生のサラダや冷たいあえ物などがよく合います。この組み合わせにピクルスなどを添えてバランスを整えても。

OK

主菜 冷 あじのたたき ➡ P65 ＋ **副菜** 熱 チンゲン菜と油揚げのさっと煮 ➡ P110

冷たい刺身には温かい煮物などを合わせるとバランスがよくなります。もう一品プラスするなら、酢の物などもおすすめ。夏の暑い日には冷×冷でもいいでしょう。

NG

主菜 冷 そうめん ➡ P147 ＋ **副菜** 冷 にらのお浸し ➡ P112

冷やしたそうめんに、にらのお浸しの組み合わせは、暑い夏にはいい組み合わせですが、冷×冷の組み合わせだけだとおいしさも半減します。ここにかき揚げなどをプラスするといいでしょう。

4 調理法が重ならないようにする

1食の中で調理法がなるべく重ならないように組み合わせます。主菜、副菜の調理法はできるだけ重ならないようにしましょう。例えば、主菜が炒め物なら、副菜は、あえ物、サラダなどを組み合わせます。味の面もそうですが、特に油を使う揚げ物や炒め物を組み合わせると油の使用量が増え、カロリーが高くなるので注意します。調理法は重ならないようにすると自然に油の量を減らすことができます。油は極力1日10gは超えないように努力しましょう。

| 調理法 | 1食の中で「焼く」「煮る」「炒める」「あえる」など バランスよく |

組み合わせ例

OK

主菜（焼く） ＋ 副菜（あえる）

焼き豚 ➡ P75 ＋ 大根と油揚げのサラダ ➡ P125

焼き物の焼き豚には、サラダを合わせてさっぱりと。ごはんを合わせるなら、チャーハンとスープを組み合わせれば、理想的な献立に。

NG

主菜（煮る） ＋ 副菜（煮る）

いわしの梅干し煮 ➡ P65 ＋ かぼちゃの煮物 ➡ P106

煮魚にかぼちゃの煮物の組み合わせは、同じ味で飽きやすく、塩分のとりすぎに。煮魚には、酢の物やあえ物を添えて。

OK

主菜（揚げる） ＋ 副菜（あえる）

えびフライ ➡ P66 ＋ ポテトサラダ ➡ P132

アツアツのえびフライには、サラダを組み合わせましょう。また、揚げ物には酸味の効いたピクルスを添えると後味もさっぱりして、バランスもよくなります。

NG

主菜（炒める） ＋ 副菜（炒める）

かきの和風ソテー ➡ P68 ＋ アスパラガスとベーコンの炒め物 ➡ P104

主菜を炒め物にしたときに、副菜も炒め物にすると、油のとりすぎになると同時に、高カロリーの献立になります。かきの和風ソテーには、サラダを添えると味のバランスが整います。

column

献立ドリル①

次の昼食と夕食でとれる食品を表に分け、栄養バランスを確かめてみましょう。その上で、夕食にどのような食品や料理を加えたらよいかを考えて、朝食の献立を立てましょう。

朝食 ?

昼食

夕食

	献立	材料	ウオイチ(ニクイチ)	マメイチ	タマゴイチ	ギュウニュウニハイニ	ヤサイハゴサラ	ゴハンハシッカリ	オヤツハクダモノ
朝食									
昼食	サンドイッチ	食パン ハム+α、きゅうり+α、						○	
	コールスローサラダ	キャベツ にんじん+α、コーン+α					○		
	カフェオレ	牛乳				○			
おやつ	キウイヨーグルト	キウイフルーツ							○
		ヨーグルト				○			
夕食	白米ごはん	米						○	
	あじの塩焼き	あじ	○						
	大根おろし	大根					○		
	いんげんのごまあえ	さやいんげん ごま+α					○		
	豆腐のみそ汁	木綿豆腐 長ねぎ+α、みそ+α		○					

Part 2

基本のバランス献立
9日分！

1日に必要な栄養量を満たす、基本のバランス献立を9日分紹介します。和風、洋風、中華風と変化をつけながら、必要な皿数を満たすバランスのよい献立の立て方をマスターしましょう。

献立の基本構成のこと

献立の仕組みが理解できたら、実際に献立を立ててみましょう。
基本の構成要素を知って、朝、昼、夜の組み合わせのポイントをチェックして。

副菜
野菜、いも・きのこなどの1皿
緑黄色野菜、淡色野菜、いも・きのこいずれかの煮物や蒸し物など。

副々菜
漬け物、あえ物、サラダなどの緑黄色野菜・淡色野菜のおかず。

主菜
魚・肉、卵、大豆・大豆製品のいずれか1皿
主にたんぱく質を多く含む魚・肉、大豆・大豆製品、卵のメインになるおかず。

主食
炭水化物を含むごはん、麺、パンなどで主なエネルギー源。

汁物
みそ汁、スープなど。野菜、海藻、いも・きのこ類などが具に。

1日の献立を立てるポイント

献立の基本構成のこと

ごはん＋汁物＋香の物 ＋たんぱく質が基本

消化のよい卵や納豆、豆腐をメインのおかずとして献立を立てるといいでしょう。また、朝は活動するためのエネルギー源になる主食と、体の調子を整えるビタミン、ミネラルを多く含む香の物（サラダ）を組み合わせるのがポイント。朝食をきちんと食べることで1日元気に過ごせます。

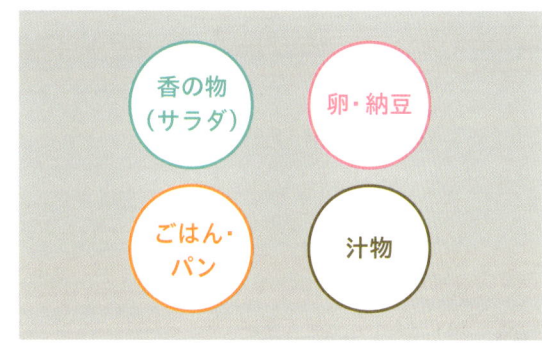

ごはん・麺・パン料理＋ サラダで手軽に

昼はしっかりとした料理を作るのは大変なので、ごはん、麺、パンのワンディッシュ料理をメインに、サラダなどを組み合わせて手軽にすませましょう。具だくさんのスパゲッティやラーメンなどの麺料理、サンドイッチ、フレンチトーストなどのパン料理、丼、ピラフ、チャーハンなどのごはん料理がおすすめ。

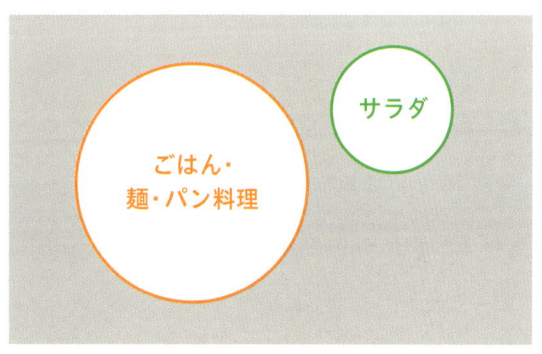

朝と昼で足りない物を 夜に組み合わせる

朝と昼の献立で足りない皿の数を数え、その分を夜の献立で補うとよいでしょう。まずは主菜を魚・肉のおかずから決めます。そのあと、緑黄色野菜、淡色野菜などのあえ物やサラダを組み合わせ、ごはんと汁物を合わせれば、栄養バランスのとれた献立のできあがりです。

おやつについて
果物と乳製品を 組み合わせる

おやつはケーキやクッキー、スナック菓子の代わりに、果物をとるようにしましょう。また、牛乳やヨーグルト、チーズなどの乳製品もおやつに最適です。旬の果物は栄養価も高いのでおすすめです。

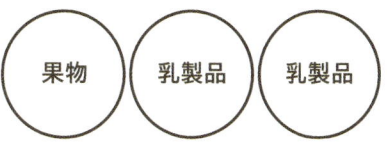

まずは簡単な料理からスタート！

基本の献立　基本になる1日献立

1日目

朝

昼

目玉焼きの洋風献立

主菜	目玉焼き/94kcal	
副菜	白菜の中華風サラダ/164kcal	➡P128
飲物	牛乳/84kcal	
主食	トースト/262kcal	

献立POINT
朝食べるたんぱく質は消化のよい卵料理が一番。目玉焼きをメインにした朝食はトーストに白菜のサラダをたっぷりのせて。白菜のサラダにはちりめんじゃこをプラスしてカルシウムも補給。牛乳も1杯一緒にとりましょう。

焼きなす・かぼちゃの煮物の和風献立

主菜	焼きなす/134kcal	
副菜	かぼちゃの煮物/160kcal	➡P106
汁物	豆腐のみそ汁/52kcal	➡P139
主食	白米ごはん/252kcal	

Recipe ＊ 焼きなす
なす2本を直火で全体が黒くなるまで焼く。竹串で皮をむき、半分に切って、器に盛る。おろししょうが、かつお節をのせ、しょうゆ、ごま油をかけていただく。

献立POINT
1日に食べるたんぱく質は、卵（タマゴイチ）、魚（ウオイチ）、豆腐（マメイチ）です。朝に目玉焼き、夜にあじの塩焼きの献立を立てるなら、昼は豆腐を使ったメニューを。かぼちゃの煮物、焼きなすなど定番料理で軽めにすませて。

おやつ /144kcal

10時 → はっさく

15時 → 牛乳②

夜

いも
緑黄色野菜②
魚
ごはん②

あじの塩焼きの和風献立

主菜	あじの塩焼き/145kcal ➡ P63
副菜1	ほうれん草のお浸し/38kcal ➡ P117
副菜2	大根おろし/36kcal
副菜3	里いもの含め煮/108kcal ➡ P133
汁物	しじみのみそ汁/65kcal ➡ P140
主食	白米ごはん/252kcal

献立POINT

あじの塩焼き（ウオイチ）をメインにした夕飯の献立。緑黄色野菜のほうれん草のお浸し、里いもの煮物を添えて、味、食感ともにバランスがとれています。大根おろしは添えても添えなくてもOK。汁物は皿数に数えないので、お好きなものを。

1日目の摂取料理一覧

		料理	
1皿	魚・肉	あじの塩焼き	
1皿	大豆製品	豆腐のみそ汁	
1個	卵	目玉焼き	
2杯	牛乳	牛乳	
		牛乳	
野菜5皿	緑黄色野菜2皿	かぼちゃの煮物	
		ほうれん草のお浸し	
	淡色野菜2皿	白菜の中華風サラダ	
		焼きなす	
	いも・きのこ1皿	里いもの含め煮	
3皿	飯・麺・パン	トースト	
		白米ごはん	
		白米ごはん	
½～1個	果物	はっさく	
総カロリー		1990kcal	

まずは簡単な料理からスタート！

基本の献立 2日目

朝・昼を軽く、夜たっぷり食べましょう

朝

緑黄色野菜①
卵
大豆製品
ごはん

昼

淡色野菜①
緑黄色野菜②
パン①

卵と三つ葉の信田煮の和風献立

主菜	卵と三つ葉の信田煮／193kcal ➡ P95
副菜	ほうれん草のごまあえ／165kcal ➡ P117
汁物	納豆汁／92kcal
主食	白米ごはん／252kcal

Recipe ＊ 納豆汁

鍋にだし汁1½カップを沸かし、みそ大さじ1を溶き入れ、納豆を入れて沸騰する直前に火を止める。万能ねぎの小口切りを散らす。

献立POINT

卵と三つ葉の信田煮は、卵と油揚げのたんぱく質がとれます。油揚げは少量なので、納豆汁でマメイチに＋αを。ほうれん草のごまあえの甘味をプラスして。

サンドイッチの洋風献立

主食	サンドイッチ／299kcal ➡ P149
副菜	コールスローサラダ／94kcal ➡ P121
汁物	にんじんのポタージュ／196kcal ➡ P143

献立POINT

お昼はサンドイッチのことも多いでしょう。それだけだと、野菜不足になるので、コールスローサラダとポタージュスープを添えて。冷たいサラダには温かいスープを組み合わせるのもポイントです。

おやつ /214kcal

10時 → ぶどう＋ヨーグルト

15時 → 牛乳

鶏のトマト煮の洋風献立

主菜	鶏のトマト煮/236kcal	➡P71
副菜1	かぶとベーコンのロースト/200kcal	➡P119
副菜2	きのこのマリネ/73kcal	➡P137
汁物	野菜のコンソメスープ/73kcal	➡P143
主食	バゲット/33kcal	

献立POINT
朝、昼と皿数が少ないときは、夜にしっかり食べることができます。鶏のトマト煮をメインにして、かぶとベーコンのローストやきのこのマリネを添えて。具だくさんのスープを組み合わせれば、見た目もお腹も栄養も満たしてくれる献立のできあがりです。

2日目の摂取料理一覧

区分	種別	料理
1皿	魚・肉	鶏のトマト煮
1皿	大豆製品	納豆汁
1個	卵	卵と三つ葉の信田煮
2杯	牛乳	ヨーグルト／牛乳
野菜5皿	緑黄色野菜2皿	ほうれん草のごまあえ／にんじんのポタージュ
野菜5皿	淡色野菜2皿	コールスローサラダ／かぶとベーコンのロースト
1皿	いも・きのこ	きのこのマリネ
3皿	飯・麺・パン	白米ごはん／サンドイッチ／バゲット
1/2〜1個	果物	ぶどう
総カロリー		2120kcal

まずは簡単な料理からスタート！

基本の献立 3日目

食材数を増やしたいときはスープを具だくさんに

朝

- 淡色野菜①
- 緑黄色野菜①
- 大豆製品
- ごはん①

昼

- 緑黄色野菜②
- 麺

納豆の和風献立

主菜	納豆／80kcal
副菜1	大根のおでん／94kcal ➡ P125
副菜2	にら玉／258kcal ➡ P112
汁物	油揚げのみそ汁／53kcal ➡ P139
主食	白米ごはん／252kcal

献立POINT
朝食に欠かせない納豆に、大根のおでんやにら玉を添えてボリュームアップ。にら玉は卵とにらの組み合わせなので、野菜1皿、卵1皿として数えます。汁物に入っている油揚げは1皿に数えなくてOKです。

ミートソーススパゲッティの洋風献立

主食	ミートソーススパゲッティ／514kcal ➡ P149
副菜	トマトサラダ／54kcal

Recipe ＊ トマトサラダ

トマト1個はざく切りに、玉ねぎ1/8個は薄切りにする。塩、こしょう、レモン汁各適量であえる。

献立POINT
ランチをパスタにするときは、冷たいフレッシュなサラダを添えましょう。ミートソースはひき肉が多いですが、ごはん1皿として数えます。この場合は、朝のにら玉の卵の量を少なめにするなどの調整を。

おやつ /210kcal

10時 → キウイフルーツ+ヨーグルト

15時 → 牛乳

夜

淡色野菜②
いも
魚
ごはん②

鮭のムニエルの洋風献立

主菜	鮭のムニエル/213kcal	➡P62
副菜1	こふきいも/53kcal	
副菜2	きゅうりのヨーグルトサラダ/36kcal	➡P122
汁物	野菜のコンソメスープ/73kcal	➡P143
主食	白米ごはん/252kcal	

Recipe * ふかしいも
じゃがいも1個は皮に切り目を入れ、蒸気の上がっている蒸し器に入れて20～30分ほど蒸す。皮をむいてひと口大に切る。

献立POINT
鮭のムニエルをメインにした洋風献立。きゅうりのサラダで冷たい副菜を添えて。コンソメスープは、数種類の野菜やベーコンが入っているからボリューム満点です。

3日目の摂取料理一覧

1皿	魚・肉	鮭のムニエル	
1皿	大豆製品	納豆	
1個	卵	にら玉	
2杯	牛乳	ヨーグルト	
		牛乳	
野菜5皿	緑黄色野菜2皿	にら玉	
		トマトサラダ	
	淡色野菜2皿	大根のおでん	
		きゅうりのヨーグルトサラダ	
	いも・きのこ1皿	こふきいも	
飯・麺・パン3皿		白米ごはん	
		ミートソーススパゲッティ	
		白米ごはん	
1/2～1個	果物	キウイフルーツ	
総カロリー		2142kcal	

まずは簡単な料理からスタート！

基本の献立　若い人にも作りやすいバランス献立

4日目

フレンチトーストの洋風献立

主食	フレンチトースト/234kcal	➡P150
副菜	ブロッコリーとえびのサラダ/179kcal	➡P116
飲物	カフェオレ/87kcal	

献立POINT
朝食に作って食べたいフレンチトーストにコーヒーだけだと、栄養バランスが崩れがち。ブロッコリーとえびのサラダを添えて、コーヒーに牛乳をプラスすれば、たんぱく質、ビタミン・ミネラルを十分にとることができます。

肉豆腐の和風献立

主菜	肉豆腐/312kcal	➡P83
副菜1	セロリとじゃこの炒め物/113kcal	➡P124
副菜2	もやしのねぎソースサラダ/92kcal	➡P129
汁物	かき玉汁/95kcal	➡P141
主食	白米ごはん/252kcal	

献立POINT
昼ごはんはできれば、パパッと作れるのが一番。豆腐をメインにした肉豆腐に、セロリの炒め物ともやしのサラダを添えます。全体の味のまとめ役はかき玉汁。ハンバーグのつなぎとして卵を使っているので卵½皿になるかき玉汁を組み合わせます。

おやつ /68kcal

10時
→キウイフルーツ

夜

緑黄色野菜②
肉
いも
ごはん②
牛乳②

ハンバーグの洋風献立

主菜	ハンバーグ/299kcal	➡P78
副菜1	パプリカのピクルス/57kcal	➡P115
副菜2	ポテトフライ/269kcal	➡P132
汁物	ミルクコーンスープ/292kcal	➡P98
主食	白米ごはん/252kcal	

献立POINT

夕飯は、若い人にも大人気のハンバーグをメインにした献立。酸味のパプリカのピクルスと塩味のポテトフライを添えましょう。ミルクコーンスープは牛乳1杯分と数えます。ハンバーグに添えた大根おろしと青じそは+αと考えます。

4日目の摂取料理一覧

		料理	
1皿	魚・肉	ハンバーグ	
1皿	大豆製品	肉豆腐	
1個	卵	かき玉汁	
2杯	牛乳	カフェオレ	
		ミルクコーンスープ	
野菜5皿	緑黄色野菜2皿	ブロッコリーとえびのサラダ	
		パプリカのピクルス	
	淡色野菜2皿	もやしのねぎソースサラダ	
		セロリとじゃこの炒め物	
	いも・きのこ1皿	ポテトフライ	
3皿	飯・麺・パン	フレンチトースト	
		白米ごはん	
		白米ごはん	
1/2～1個	果物	キウイフルーツ	
総カロリー		2601kcal	

まずは簡単な料理からスタート！

基本の献立
5日目

前日カロリーをとりすぎたら、翌日は軽めにするのがコツ

朝

- 淡色野菜①
- 緑黄色野菜①
- 卵
- ごはん①
- 大豆製品

昼

- 緑黄色野菜②
- パン

半熟ゆで卵の和風献立

主菜	半熟ゆで卵/76kcal	
副菜1	オクラとしらす干しのお浸し/89kcal	➡P105
副菜1	れんこんのきんぴら/163kcal	➡P131
汁物	豆腐とわかめのみそ汁/53kcal	➡P138
主食	白米ごはん/252kcal	

献立POINT
お年寄りにぴったりの献立は、朝の和食から。消化のよい半熟卵をメインにして、オクラのお浸しやれんこんのきんぴらを添えて。食感や味で変化をつけます。オクラのお浸しにはしらす干しをのせてカルシウム量UP。豆腐のみそ汁はマメイチに数えます。

ピザトーストの洋風献立

主食	ピザトースト/307kcal	➡P99
副菜	かぼちゃのサラダ/210kcal	➡P106

献立POINT
お昼はトーストと紅茶だけでは、栄養不足です。ピザトーストのように、トマト、ピーマン、ハム、チーズをのせれば、栄養満点に。野菜が足りないので、かぼちゃのサラダを添えましょう。ピザトーストの上にのせたたんぱく質は少量なので数えません。

おやつ /202kcal

10時 → りんご＋ヨーグルト

15時 → 牛乳

夜

淡色野菜②
いも
魚
ごはん②

鮭の南蛮なます漬けの和風献立

主菜	鮭の南蛮なます漬け/152kcal ➡ P59
副菜1	白菜の煮浸し/50kcal ➡ P128
副菜2	里いもの含め煮/108kcal ➡ P133
汁物	麩のみそ汁/61kcal ➡ P140
主食	白米ごはん/252kcal

献立POINT

揚げた鮭にポン酢しょうゆをからめた料理をメインに、白菜の煮浸しと里いも煮物を組み合わせて理想的な献立に。揚げ物には煮浸しや煮物もいいですが、できれば生のサラダを添えて。南蛮なます漬けは、生の大根おろしを添えているのでバランスがとれています。

5日目の摂取料理一覧

1皿	魚・肉	鮭の南蛮なます漬け	
1皿	大豆製品	豆腐とわかめのみそ汁	
1個	卵	半熟ゆで卵	
2杯	牛乳	ヨーグルト／牛乳	
野菜5皿	緑黄色野菜2皿	オクラとしらす干しのお浸し／かぼちゃのサラダ	
	淡色野菜2皿	れんこんのきんぴら／白菜の煮浸し	
	いも・きのこ1皿	里いもの含め煮	
3皿	飯・麺・パン	白米ごはん／ピザトースト／白米ごはん	
1/2〜1個	果物	りんご	
総カロリー		1975kcal	

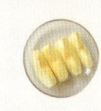

まずは簡単な料理からスタート！

基本の献立

6日目

洋食と和食を1日の中で組み合わせて

朝

- 緑黄色野菜①
- 淡色野菜①
- 卵
- ごはん①

昼

- 大豆製品
- 緑黄色野菜②
- ごはん②

温泉卵の和風献立

主菜	温泉卵/76kcal ➡P93	
副菜1	にんじんのきんぴら/58kcal	
副菜2	きゅうりとセロリのサラダ/40kcal	
汁物	麩のみそ汁/61kcal ➡P140	
主食	白米ごはん/252kcal	

Recipe * にんじんのきんぴら

フライパンにごま油大さじ½、赤唐辛子少々を熱し、せん切りにしたにんじん½本分を入れて炒め、砂糖、酒、しょうゆの順に入れて炒める。

Recipe * きゅうりとセロリのサラダ

きゅうり½本はスライサーで薄切り、セロリ¼本は薄切りにしてドレッシングであえる。

献立POINT
温泉卵には、味が濃いめのきんぴらと歯ごたえのいいサラダを組み合わせて。

五目炊き込みごはんの和風献立

主食	五目炊き込みごはん/367kcal ➡P146	
副菜1	冷や奴/111kcal	
副菜2	チンゲン菜炒め/54kcal	

Recipe * チンゲン菜炒め

フライパンにごま油小さじ1を熱し、しょうがのせん切り少々を炒め、5cm長さに切ったチンゲン菜2株分を加えて炒める。鶏がらスープの素、酒を各適量加えてさっと炒め、水溶き片栗粉大さじ1を加えてとろみをつける。

献立POINT
炊き込みごはんをメインにする献立は、冷や奴など冷たい副菜がよく合います。青菜の炒め物を加えれば、バランスのよい献立に。

おやつ /202kcal

10時 → りんご ＋ヨーグルト

15時 → 牛乳

夜

淡色野菜②
パン
いも
肉

ポークソテーの洋風献立

主菜	ポークソテー/395kcal
副菜	ポテトサラダ/178kcal ➡ P132
汁物	キャベツのスープ/62kcal ➡ P142
主食	バゲット/56kcal

Recipe ＊ ポークソテー

豚ステーキ肉は筋切りをし、塩、こしょうをふる。フライパンにオリーブオイルを熱し、にんにくを炒め、豚肉を入れて両面に焼き色をつける。白ワインを加えて蓋をして火を通す。

献立POINT
ポークソテーがメインの献立は野菜をたっぷり添えて。冷たいサラダと温かいスープを添えることがおいしい献立の秘訣。

6日目の摂取料理一覧

1皿	魚・肉	ポークソテー	
1皿	大豆製品	冷や奴	
1個	卵	温泉卵	
2杯	牛乳	ヨーグルト	
		牛乳	
野菜5皿	緑黄色野菜2皿	にんじんのきんぴら	
		チンゲン菜炒め	
	淡色野菜2皿	きゅうりとセロリのサラダ	
		キャベツのスープ	
	いも・きのこ1皿	ポテトサラダ	
3皿	飯・麺・パン	白米ごはん	
		五目炊き込みごはん	
		バゲット	
1/2～1個	果物	りんご	
総カロリー		1912kcal	

まずは簡単な料理からスタート！

基本の献立
7日目

ラーメンも副菜をたっぷりつけてバランスよく

朝

- 淡色野菜①
- ごはん①
- 大豆製品

昼

- 緑黄色野菜①
- 淡色野菜②
- 麺

ごちそう納豆の和風献立

主菜	ごちそう納豆/177kcal	➡P87
副菜	きゅうりの梅おかか/60kcal	➡P122
汁物	わかめのみそ汁/25kcal	➡P139
主食	白米ごはん/252kcal	

ラーメンの中華風献立

主食	ラーメン/553kcal	➡P148
副菜1	ブロッコリーのナムル/72kcal	➡P116
副菜2	もやしのナムル/52kcal	➡P129

献立POINT

ごちそう納豆は、納豆の他にたくあん、きゅうり、オクラ、まぐろなど具だくさんです。一品あれば、栄養バランスも整い、食感にも変化がつきます。ここでは、ごちそう納豆をマメイチとして皿の数を数えましょう。

献立POINT

ラーメンの上にのせている野菜や焼き豚、煮卵は少量なので、野菜の副菜をたっぷり添えるといいでしょう。緑黄色野菜と淡色野菜のナムルを添えて。ラーメンにのっている焼き豚のたんぱく質は＋αとして考え、煮卵は卵1/2皿と考えます。

おやつ/184kcal

10時
→みかん＋牛乳

15時
→チーズクラッカー

夜

きのこ

緑黄色野菜②

魚

ごはん②

卵

ぶりの照り焼きの和風献立

主菜	ぶりの照り焼き/278kcal	➡P61
副菜1	揚げピーマンのガーリックしょうゆ/82kcal	➡P114
副菜2	きのこの当座煮/92kcal	➡P136
汁物	かき玉汁/95kcal	➡P141
主食	白米ごはん/252kcal	

献立POINT
主菜以外はすべてしょうゆ味ですが、照り焼きの甘味、ガーリックしょうゆの旨味、当座煮の辛味で変化をつけます。かき玉汁の卵は½皿として考えます。

7日目の摂取料理一覧

1皿	魚・肉	ぶりの照り焼き	
1皿	大豆製品	ごちそう納豆	
1個	卵	かき玉汁(½個)	
		ラーメン(½個)	
2杯	牛乳	牛乳	
		チーズクラッカー	
野菜5皿	緑黄色野菜2皿	ブロッコリーのナムル	
		揚げピーマンのガーリックしょうゆ	
	淡色野菜2皿	きゅうりの梅おかか	
		もやしのナムル	
	いも・きのこ1皿	きのこの当座煮	
3皿	飯・麺・パン	白米ごはん	
		ラーメン	
		白米ごはん	
½～1個	果物	みかん	
総カロリー		2174kcal	

まずは簡単な料理からスタート！

基本の献立
8日目

1日の中で主食を変えて献立に変化をつけて

朝 — いも / 緑黄色野菜① / パン / 卵

昼 — 大豆製品 / 淡色野菜① / 麺

オムレツの洋風献立

主菜	オムレツ／247kcal ➡ P91
副菜1	ほうれん草とベーコンのソテー／185kcal ➡ P117
副菜2	ポテトサラダ／178kcal ➡ P132
主食	ロールパン／95kcal

納豆のかき揚げの和風献立

主菜	納豆のかき揚げ／374kcal ➡ P88
副菜	かぶの甘酢漬け／62kcal ➡ P119
主食	そうめん／385kcal ➡ P147

献立POINT

定番の洋風朝食といえば、この献立。オムレツにほうれん草とベーコンのソテーを添えたら、ポテトサラダをプラスするのがポイント。ポテトサラダは冷やしておくと味のバランスがよくなります。主食はロールパンの代わりにトーストでも。

献立POINT

アツアツのかき揚げをメインにするときは、冷たいそうめんと組み合わせて。めんつゆに浸していただきましょう。揚げ物には、酸味のある甘酢漬けを添えると、さっぱりとおいしくいただけます。

おやつ /207kcal

10時 → りんご＋牛乳

15時 → チーズ

夜

- 淡色野菜②
- 緑黄色野菜②
- 肉
- ごはん

ビーフステーキの洋風献立

主菜	ビーフステーキ/586kcal	➡P76
副菜1	にんじんのグラッセ/84kcal	➡P113
副菜2	レタスとのりのサラダ/133kcal	➡P130
汁物	玉ねぎスープ/59kcal	➡P142
主食	白米ごはん/252kcal	

献立POINT

ビーフステーキをメインにする献立には、温かい副菜と冷たい副菜を添えましょう。甘味のにんじんのグラッセ、塩味のビーフステーキ、酸味のレタスとのりのサラダ、というようにバランスのよい組み合わせを考えましょう。

8日目の摂取料理一覧

1皿	魚・肉	ビーフステーキ	
1皿	大豆製品	納豆のかき揚げ	
1個	卵	オムレツ	
2杯	牛乳	牛乳	
		チーズ	
野菜5皿	緑黄色野菜2皿	ほうれん草とベーコンのソテー	
		にんじんのグラッセ	
	淡色野菜2皿	かぶの甘酢漬け	
		レタスとのりのサラダ	
	いも・きのこ1皿	ポテトサラダ	
3皿	飯・麺・パン	ロールパン	
		そうめん	
		白米ごはん	
1/2〜1個	果物	りんご	
総カロリー		2847kcal	

まずは簡単な料理からスタート！

基本の献立

9日目

前日に肉をしっかり食べたら、翌日は和食中心に

朝

魚／緑黄色野菜①／大豆製品／ごはん①

昼

卵／いも／麺

鮭のゆず塩麹漬けの和風献立

主菜	鮭のゆず塩麹漬け／109kcal ➡P59
副菜	春菊とみょうがのお浸し／58kcal ➡P109
汁物	豆腐けんちん汁／115kcal ➡P141
主食	白米ごはん／252kcal

ざるそばの和風献立

主食	ざるそば／375kcal ➡P147
副菜1	里いもの揚げ出し／164kcal ➡P133
副菜2	だし巻き卵／133kcal ➡P92

献立POINT

鮭の焼き物をメインにした朝食の献立。豆腐けんちん汁を添えれば、具だくさんなので満足度が高い献立に。春菊とみょうがのお浸しは、ほうれん草のお浸しや、ごまあえなどに変えてもOKです。

献立POINT

ランチでざるそばをメインにするときは、温かい料理を添えるとバランスがよくなります。里いもの揚げ出しやだし巻き卵は食べごたえもあり、栄養面でも満たされます。もう1皿プラスするなら、にんじんのきんぴらなど彩りのよい野菜のおかずを。

おやつ /214kcal

10時 → ぶどう + ヨーグルト

15時 → 牛乳

夜

緑黄色野菜②
淡色野菜①
ごはん②
淡色野菜②

チャーハンの中華風献立

主菜	卵なしチャーハン/325kcal
副菜1	水菜と油揚げのサラダ/62kcal ➡ P118
副菜2	かぶの中華風煮浸し/39kcal ➡ P119
汁物	レタスのスープ/46kcal ➡ P142

Recipe ＊ 卵なしチャーハン 
ハム2枚、長ねぎ¼本、ピーマン½個、にんじん⅙本を5mm角に切る。フライパンにごま油を中火で熱し、具材を入れて炒め、さらにごはんを加え炒める。塩、こしょうで味をととのえ、しょうゆを回しかける。

Recipe ＊ 水菜と油揚げのサラダ
水菜20g、油揚げ30g、和風ノンオイルドレッシング12gとし、作り方はP118を参照。

献立POINT
チャーハンをメインにする夕飯は、野菜をたっぷり添えましょう。スープだけでなく、水菜のサラダで食感に変化をつけて。

9日目の摂取料理一覧

		料理	
1皿	魚・肉	鮭のゆず塩麹漬け	
1皿	大豆製品	豆腐けんちん汁	
1個	卵	だし巻き卵	
2杯	牛乳	ヨーグルト	
		牛乳	
野菜5皿	緑黄色野菜2皿	春菊とみょうがのお浸し	
		水菜と油揚げのサラダ	
	淡色野菜2皿	かぶの中華風煮浸し	
		レタスのスープ	
	いも・きのこ1皿	里いもの揚げ出し	
3皿	飯・麺・パン	白米ごはん	
		ざるそば	
		卵なしチャーハン	
½～1個	果物	ぶどう	
総カロリー		1892kcal	

こんなとき、どう考える？

複数の食材を使った料理がメインの献立

皿の数を数えて立てる献立は、1皿あたり1～2食品の料理とするとわかりやすいのですが、中には複数の食材が入ったものもあります。そのときどのように数えるかをみていきましょう。

1 ちらし寿司がメインの献立

具だくさんのちらし寿司には
緑黄色野菜の副菜と汁物を添えて

ちらし寿司は「ゴハンハシッカリ」に入りますが、ごはん以外に魚介約50g、卵25g、野菜約50g入っているので「魚½皿」「卵½皿」「野菜½皿」と数えます。具だくさんの鶏団子の根菜みそ汁は「肉1皿」「野菜½皿」と数えます。シンプルなアスパラガスのごまあえを添えて。

アスパラガスのごまあえ ➡P104
アスパラガスは緑黄色野菜1皿。ちらし寿司などの酸味のきいたメイン料理には、少し甘味のあるごまあえは好相性。

ちらし寿司 ➡P145
具だくさんのごはん料理はこれだけで「ごはん1皿」「魚・卵・野菜各½皿」を摂取できます。

鶏団子の根菜みそ汁 ➡P140
「肉1皿」「野菜½皿」が食べられる汁物。ちらし寿司で魚½皿をとれているので、つくねのひき肉の量を60g→50gに減らしても。しょうゆ味にしてもよいでしょう。

複数の食材を使った料理がメインの献立

2 カレーライスがメインの献立

カレーライス ➡P145
ごはんをメインにゴロゴロ鶏肉と根菜が入ったカレーは、一度に「ごはん1皿」「肉1皿」「野菜1と⅓皿（+α）」が食べられるメニュー。

コールスローサラダ ➡P121
「淡色野菜1皿」です。キャベツをメインにコーンとにんじんが入った定番サラダ。コーンとにんじんは少量なので+αと数えます。

野菜のコンソメスープ ➡P143
辛味のカレーに添えるのは、野菜の甘味と旨味が味わえるコンソメスープ。野菜をたっぷり摂取できます。

煮込むカレーには生野菜のサラダを添えて

定番のカレーは「ごはん1皿」「肉1皿」「野菜1と⅓皿（+α）」と数えます。野菜は厳密には「緑黄色野菜⅓皿」「いも½皿」「淡色野菜⅓皿」ですが、ざっくりと野菜1と⅓皿と考えるとわかりやすいでしょう。煮込み料理には生野菜のサラダを添えるとバランスがよくなります。

3 肉じゃががメインの献立

肉じゃが ➡P80
肉じゃがは肉⅓皿とたんぱく質が少ない料理ですが、肉の量を3倍にして作れば「肉1皿」「いも1皿」がとれる一皿になります。

きゅうりとわかめの酢の物 ➡P122
「淡色野菜1と¼皿」。きゅうりは淡色野菜、わかめなどの海藻も淡色野菜として考えます。

豆腐とわかめのみそ汁 ➡P138
豆腐50gを使っているので「豆½皿」。主菜にたんぱく質が少ないときは、汁物にたんぱく質を入れて補います。

甘味の煮物には酸味のある副菜を。たんぱく質が少ないときは汁物で補う

肉じゃがは肉というよりはじゃがいもがメインの料理。「肉⅓皿」「いも1皿」「野菜½皿」と数えます。肉じゃがのようにたんぱく質が少ないときは、汁物に豆腐などのたんぱく質を補って。甘味の肉じゃがには酸味の酢の物がよく合います。

4 酢豚がメインの献立

もやしのナムル ➡P129
「淡色野菜1皿」。こってり味の主菜には、あっさりとした味、シャキシャキした歯ざわりの副菜を。

酢豚 ➡P81
「肉1皿」「緑黄色野菜½皿」「淡色野菜⅓皿」。肉と緑黄色野菜、淡色野菜がバランスよくとれる一品。

わかめスープ ➡P141
ここで使うわかめは少量なので「+α」として考えます。塩味のきいたスープでバランスよく。

緑黄色野菜がたっぷりの酢豚には副菜、スープともにあっさりと

酢豚は「肉1皿」「緑黄色野菜½皿」「淡色野菜⅓皿」と数えます。こっくりとしたケチャップ味の主菜には、あっさりとしたもやしのナムル、わかめスープを添えましょう。わかめスープは+αとして数えます。

5 ロールキャベツがメインの献立

ロールキャベツ ➡P81
キャベツ1枚50gなので、「淡色野菜1皿」に。肉の量はレシピによって違いますが、本書では½皿として数えます。

トマトの浅漬け ➡P111
ごくシンプルなトマトのサラダ。酸味が全体の味のアクセントに。「緑黄色野菜1皿」として数えます。

かぼちゃのポタージュ ➡P143
「緑黄色野菜1皿」と数えます。甘味のあるかぼちゃのポタージュスープを添えてマイルドに。

淡色野菜を使ったメインには緑黄色野菜の副菜やスープを

ロールキャベツは「肉½皿」「淡色野菜1皿」として数えます。彩りをよくするためには、副菜はトマトの浅漬け、汁物にはかぼちゃのポタージュを添えると色鮮やかな献立になります。

6 炒り鶏がメインの献立

炒り鶏 ➡ P80
1皿で**肉**、**淡色野菜**、**緑黄色野菜**、**いも・きのこ**をまんべんなくとれる1皿。

かぶの甘酢漬け ➡ P119
「淡色野菜1皿」。甘味と酸味がきいている甘酢漬けはこっくり味の煮物に添えて。

かき玉汁 ➡ P141
「卵½皿」として数えます。三つ葉は分量が少ないので「+α」で。

根菜たっぷりの煮物には漬け物がよく合う

炒り鶏は「**肉1皿**」「**淡色野菜1皿**」「**緑黄色野菜½皿**」「**いも・きのこ1皿**」がとれる具だくさん煮物。こっくりと甘味のある煮物には、酸味のある漬け物を添えて。だし汁のきいたかき玉汁で全体をまとめます。

7 寄せ鍋がメインの献立

寄せ鍋
「**肉1皿**」「**豆1皿**」「**緑黄色野菜1皿**」「**淡色野菜1皿**」と1日にとりたいたんぱく質と野菜がたっぷり。

大根の柚子漬け
鍋料理には、ちょっと箸休めになる漬け物を添えるとバランスがよくなります。鍋料理のときは少量添えるだけでOK。

たんぱく質、野菜がたっぷりの鍋料理には、箸休めになるものを

寄せ鍋は「**肉1皿**」「**豆1皿**」「**緑黄色野菜1皿**」「**淡色野菜1皿**」などがしっかりとれる料理。きのこをプラスしてもいいでしょう。副菜として添えるなら、少し箸休めになる漬け物を添えるだけでOKです。

複数の食材を使った料理がメインの献立

> ライフステージ別

献立の立て方のポイント

1日3回の食事と間食の中で、できるだけ多くの種類の食品を組み合わせることがバランスのとれた食生活につながります。ライフステージ別のポイントをみていきましょう。

1 年齢・性別・活動量に合わせて献立を立てます

献立は、個人の性別、年齢、活動量によって変えます。厚生労働省が定める「日本人の食事摂取基準」を参考にし、食べる人に合った献立を立ててみましょう。まずは1日に必要なエネルギー量を把握するところからはじめます。

2 ライフステージ別に食べやすい形状にします

幼児、小学生、中高生、大人、高齢者それぞれに、食べる量はもちろん、食べやすい大きさ、かたさなどを配慮しながら献立を決めます。幼児なら口の大きさに合わせて小さめに、高齢者には、咀嚼そしゃくしやすいような大きさ、やわらかさで用意します。

3 ライフステージ別に嗜好に合った内容にします

それぞれのライフステージによって嗜好も違います。例えば、高齢者は煮物などの和食を好む傾向にありますが、育ち盛りの中高生は洋食や中華料理などのこってりした味を好みます。偏りすぎはNGですが、ある程度、嗜好を取り入れるようにしましょう。

4 その時期に特にとりたい栄養素を意識します

ライフステージ別にその時期にとりたい栄養素があります。成長期には骨がつくられるのでカルシウムを多めに、筋肉をつけるためにたんぱく質もしっかりとるなど、その時期に必要な栄養素を意識して取り入れることが大切です。

ライフステージ別 献立の立て方のポイント

❶ 幼児の場合

離乳食が終わって、大人と同じものが食べられるようになる時期ですが、咀嚼力が備わっていないので適した献立で食べやすい工夫を。

歯が生え揃わない時期。やわらかめの食事を中心に

1歳半頃からは自分で食べようとする意思が出てきて、手づかみ食べから徐々にスプーン使いに移行する時期です。なるべくやわらかめの食事を基本にしますが、咀嚼力をつけるために、噛みごたえのあるもの、消化のよいものを与えます。

刺激の強い食品や塩分、脂肪の多い食品は避ける

5〜6歳にもなると、自立心が旺盛になり、消化器も発達して、味覚も広がります。大人と同じものが食べられるようになるものの、刺激の強い食品や塩分、脂肪の多い加工品やファストフードは避けましょう。子どもの嗜好に悪影響を与えるため、NGです。

❷ 小学生の場合

6歳から12歳までの子どもたちは、発達が著しく、男女ともに身長、体重が増える時期。この時期に合った献立のポイントをおさえましょう。

肥満になりやすい時期。なるべく和食を中心に

小学生の時期に、外食や加工食品、お惣菜の食品を利用することが多くなると、洋風や中華風などの油の多い塩分高めのこってりとした料理を好む傾向に。偏りすぎると食生活が乱れ、肥満を引き起こす原因になるため、なるべく和食の献立を立てるようにします。

動物性たんぱく質より、野菜をおいしく食べる工夫を

家庭の食事は万年野菜不足とも言われるほどで、動物性たんぱく質が多く、ビタミン、ミネラルが不足しがちです。なるべく豆腐や野菜を使った和風料理に慣れさせていきましょう。焼き魚とお浸し、みそ汁など、伝統の日本食の献立を取り入れていくのがポイントです。

❸ 中高生の場合

この時期は一番、多くの栄養素を必要とする時期。
どんなことに気をつければいいのか、
どんなものを食べたらいいのかを覚えましょう。

栄養不足にならないようにまんべんなく

成長期の中高生は、どのライフステージよりも栄養素を必要としています。そんなときに偏った食生活を送っていると、栄養不足に陥り、正常な発育が困難になります。風邪等の感染症にかかりやすくなるなど、体のバランスを崩す原因にもなります。

成長期は3つの色の食品群を意識して献立を立てて

成長期だからこそ、「筋肉や体をつくるたんぱく質」「血をつくる鉄分」「骨や歯の発育に必要なカルシウム・マグネシウム」「正しい味覚をつくる亜鉛」「脳や神経の発達に不可欠なビタミンB群」などをまんべんなく献立に取り入れることが大切です。

❹ 高齢者の場合

加齢によって体力が落ちるとともに消化機能も低下していくのが老年期。
消化のよいものばかりを選び、
動物性たんぱく質を極端に減らすのは危険です。

高齢者の食事こそ、動物性たんぱく質がより重要に

消化機能が衰えている高齢者は特に、コレステロールが健康を脅かす最大の悪玉のように思い込み、極端に動物性たんぱく質をとらずに粗食で終わらせている場合があります。それによって引き起こされる低栄養状態が、高齢者にとって余命を縮める最大のリスクということがわかってきています。

高齢者のやせ傾向により骨や筋肉の量が減って寝たきりになる危険性が

低栄養状態が続くと、骨や筋肉の量が減り、寝たきりの原因になるので要注意。元気で健康に長生きするためには、動物性たんぱく質の摂取量を落とさないことが一番。牛乳、肉類、油脂類を多くとる高齢者は、健康維持に対する意識が高い傾向にあります。

⑤ ダイエットしている人の献立ポイント

ダイエットをするのなら、まずは自分の摂取カロリーを把握しましょう。そして、1日1500kcalになるように料理を組み合わせていきましょう。

おかずの味つけは薄味が基本。汁物を添えると満腹感が出ます

濃い味つけの料理は食欲が増し、ついついごはんやパンなどの主食を食べすぎてしまいがち。また、塩分のとりすぎにもつながり、浸透圧の関係で水分の排泄がうまくいかなくなり、体がむくむ原因に。濃い味つけは砂糖やみりんが多用されているので要注意です。ダイエットは薄味が基本です。

ダイエット時に不足しがちな栄養素を積極的に取り入れて

食事量が減ることで食物繊維が不足して便秘になりやすく、食事制限で鉄分が不足し、貧血の原因に。これらの栄養素を意識して献立に取り入れましょう。また、若い頃のやせすぎは、その子どもが生涯にわたって健康上の障害を持つことが明らかになっています。無理なダイエットは危険なので要注意です。

⑥ スポーツをしている人の献立ポイント

スポーツをしている人は、普通の人よりもエネルギーを多く必要とします。もちろん、それだけでなく、体づくりに必要な栄養素もたくさん。取り入れ方を知りましょう。

トレーニング中はバランスのよい食事に、種目ごとの栄養をとる

スポーツをする人は、まずは体づくりが基本となるのでエネルギーとたんぱく質を中心にビタミンやミネラルをバランスよく摂取します。野球やテニスなどパワーとスピードが求められるスポーツはたんぱく質とビタミンC、陸上の短距離など瞬発力の求められるスポーツはたんぱく質の他にビタミンB6やビタミンCなどが必要になります。

試合前は炭水化物中心の食事に。脂質は少なめに

試合の1週間前になったら、炭水化物をやや少なめにして、体内のグリコーゲンを減らすようにし、たんぱく質と脂質を多めにとります。3日前になったら、エネルギー源の炭水化物中心の食事に切り替え、脂質は少なめにします。当日の朝食は消化がよくてスタミナが持続するごはんやバナナなどを中心に食べましょう。

column

献立ドリル ②

次の朝食と夕食でとれる食品を表に分け、栄養バランスを確かめてみましょう。
昼食は何を食べたらいいかを考えて献立を立ててみましょう。

朝食 / **昼食** ? / **夕食**

	献立	材料	ウオイチ(ニクイチ)	マメイチ	タマゴイチ	ギュウニュウニハイ	ヤサイハゴサラ	ゴハンハシッカリ	オヤツハクダモノ
朝食	フレンチトースト	バゲット						○	
		卵 牛乳＋α			○				
	ブロッコリーとえびのサラダ	ブロッコリー えび＋α					○		
	コンソメスープ	玉ねぎ＋α							
	ミルクティー	牛乳				○			
昼食									
おやつ	チーズ	チーズ				○			
	りんご	りんご							○
夕食	白米ごはん	米						○	
	ビーフステーキ	牛ステーキ用肉	○						
	にんじんのグラッセ	にんじん					○		
	ポテトサラダ	じゃがいも にんじん・きゅうり＋α					○		
	レタスのスープ	レタス					○		

56

Part 3

組み合わせ自由自在！
定番のおかずレシピ

魚・肉、大豆・大豆製品、卵、牛乳・乳製品、野菜、主食別に、それぞれの定番のおかずレシピを多数紹介！1レシピを1皿と数えて、一日の中で組み合わせて、献立を立ててみましょう。

■ 本書レシピの決まり
- 材料の分量は1人分を基準にしてます。家族の人数に合わせて倍量にして調理をして下さい。
- 計量の単位は1カップ＝200ml、大さじ1＝15ml、小さじ1＝5mlです。
- カロリーはすべて1人分です。栄養計算は『日本食品標準成分表2010』をもとに計算しています。
- 電子レンジは600Wを基準としています。500Wの場合は、1.2倍にして加熱して下さい。
- 塩分は薄めにしています。
- つけじょうゆの料理では、実際に口に入る塩分量で示しています。
- 野菜のレシピは主材料を100gにしています。1日の摂取カロリーが2000kcal以上の人はこのままの分量で、1700kcal以下にしたい人は70％の分量でいただきましょう。

お皿で数える
栄養量
1

ウオイチ（ニクイチ）

主菜になる魚か肉の1皿。

主に夕食の主菜になる魚か肉の1皿です。血や筋肉などの体をつくるたんぱく質を多く含みます。あじやさんまの塩焼き、ハンバーグ、ポークソテー、餃子などの魚・肉料理を1皿と数えます。重量は80～100gが目安。ラーメンのチャーシュー、サラダのハム、きゅうりもみなどのしらす干しなど、少量の魚や肉は＋αとして、皿数に数えません。

1　　　　**1**

- 魚の目安量は80～100g。切り身は1切れ、丸ごと魚は1尾もOK。
- えび、たこ、いかなどの魚介類も同様に。
- 肉の目安量は80～100g。鶏・豚・牛・ひき肉・内臓ともに同じ。
- ハム、ソーセージ、ベーコンの加工品も80～100gあればニクイチ。

こんなとき、どうする？ Q&A

ハムエッグで使ったハムはどうやって数える？
ハムエッグの場合、タマゴイチと数えるのが基本です。ハムを1枚だけしか使わないなら、＋αとするのでニクイチとして数えなくてOK。40g以上使う場合は、ニク½皿と数えます。

野菜炒めに使った豚肉はどう数えたらいい？
野菜炒めは、ヤサイハゴサラの中の1皿として数えます。肉の量にもよりますが、野菜の割合に対して少ない場合は、＋αとして数えなくてもいいでしょう。

ウオイチ　切り身魚

大根おろしでさっぱりおいしい！
鮭の南蛮なます漬け

152 kcal

材料 {1人分}

- 生鮭(切り身)……1切れ(80g)
- 大根おろし……………大さじ2
- 塩………………………少々
- 薄力粉…………………大さじ1
- ポン酢しょうゆ………大さじ½
- 赤唐辛子(輪切り)……少々
- 揚げ油…………………適量

作り方 ⏱15分

1. 生鮭は食べやすい大きさに切り、塩と薄力粉をまぶす。
2. 1を170℃に熱した揚げ油でカラッと揚げる。
3. 2を器に盛り、大根おろしをのせ、ポン酢しょうゆをかける。お好みで赤唐辛子を散らす。

memo
鮭以外にも、かじきまぐろや鶏肉などを使ってもおいしい。

おすすめ副菜
- 春菊とみょうがのお浸し ⇒P109 
- れんこんのきんぴら ⇒P131

ゆずの風味と鮭の旨味が引きたつ1品
鮭のゆず塩麹漬け

109 kcal

材料 {1人分}

- 生鮭(切り身)……1切れ(80g)
- 長ねぎ…………………適量
- 塩麹……………………大さじ2
- ゆずの皮………………少々

作り方 ⏱10分　漬ける時間は除く

1. 生鮭をひと口大に切ってペーパータオルで包む。
2. ボウルに塩麹とゆずの皮のみじん切りを入れて混ぜ合わせる。
3. 1の全体に2をまぶしてラップで包み、冷蔵庫で2時間ほど漬ける。
4. ラップとペーパータオルをはずした3、2をつけた長ねぎをグリルで両面焼き色をつけるように5分ほど焼く。

memo
塩麹に漬けることで、旨味が増し、身もやわらかく。冷めてもおいしくいただけるので、お弁当にもおすすめ。

おすすめ副菜
- なすの煮浸し ⇒P127 
- 小松菜のピーナッツソースあえ ⇒P107

切り身魚

ウオイチ

鯛の煮つけ
ほろっとやわらか和食の定番

148 kcal

材料【1人分】
- 鯛（切り身）……… 1切れ（80g）
- しょうが（せん切り）…… ½かけ分
- A
  - 長ねぎ（斜め薄切り）……… ¼本分
  - しょうが（薄切り）……… 1枚
  - しょうゆ……… 大さじ⅓
  - みりん……… 大さじ½

作り方 ⏱15分
1. 鯛はザルにのせ、熱湯を回しかける。
2. 鍋にAを入れて中火にかけ、ひと煮立ちさせる。
3. 1を2に入れ、クッキングシートで落とし蓋をし、中弱火で10分ほど煮る。
4. 器に盛り、しょうがをのせる。

memo
魚は短時間で火が通るので煮汁が少なくてもしっかり煮えます。旨味を逃がさないためにも少ない煮汁で煮るのがコツ。落とし蓋を忘れずに。

副菜 おすすめ
- 里いものごまみそあえ ⇒ P133 
- 水菜と油揚げのサラダ ⇒ P118

鯛のから揚げ
カラッと揚がった鯛に七味唐辛子がアクセント

198 kcal

材料【1人分】
- 鯛（切り身）……… 1切れ（80g）
- 塩……… 小さじ⅙
- こしょう……… 少々
- 薄力粉……… 大さじ½
- 片栗粉……… 大さじ½
- 七味唐辛子……… 少々
- 揚げ油……… 適量

作り方 ⏱10分
1. 鯛は食べやすい大きさにそぎ切りし、塩、こしょうをふる。
2. 薄力粉と片栗粉をよく混ぜ、1にまぶし、170℃に熱した揚げ油で揚げる。
3. 器に盛り、お好みで七味唐辛子をかける。

memo
七味唐辛子の他、山椒やゆず胡椒をかけても美味。

副菜 おすすめ
- アスパラガスの煮浸し ⇒ P104 
- レタスとのりのサラダ ⇒ P130

ぶりに甘辛ダレがピッタリ！
ぶりの照り焼き

278 kcal

材料 {1人分}
- ぶり(切り身)……1切れ(80g)
- しし唐辛子……2本
- ●漬け汁
  - A
    - しょうゆ……大さじ½
    - みりん……大さじ½
    - 酒……大さじ1½
- ごま油……小さじ1

作り方 ⏱10分 漬ける時間は除く
1. ぶりはAに15分ほど漬ける。
2. フライパンにごま油を中火で熱し、1の両面を5分ほど焼く。
3. 2に漬け汁、しし唐辛子を加えて2〜3分ほど煮詰める。

memo
魚の脂分によって味の浸透が少し違うので、脂の強い腹身は、背側よりタレに漬ける時間を少し長くするとよいでしょう。

副菜 おすすめ
- ピーマンとじゃこの炒め物 ⇨ P114 
- かぶの甘酢漬け ⇨ P119

脂ののったぶりにすりおろしたかぶがやさしい
ぶりのみぞれ椀

321 kcal

材料 {1人分}
- ぶり(切り身)……1切れ(80g)
- かぶ……1個
- 三つ葉……少々
- 片栗粉……大さじ1
- A
  - だし汁……150mℓ
  - 薄口しょうゆ……小さじ1
  - 酒……大さじ1
  - 塩……少々
  - ゆずの皮……少々
- 揚げ油……適量

作り方 ⏱20分
1. ぶりは食べやすい大きさに切り、片栗粉をまぶし、170℃に熱した揚げ油でカラッと揚げる。
2. かぶはすりおろし、三つ葉はざく切りにする。
3. 鍋にAを入れて中火にかけ、ひと煮立ちさせる。
4. 器に1、2のすりおろしたかぶを盛り、3をかけ、三つ葉をのせる。

副菜 おすすめ
- ごぼうのサラダ ⇨ P123 
- トマトの浅漬け ⇨ P111

ウオイチ 切り身魚

鮭のムニエル

213 kcal

子どもも大好き！洋風の魚料理の定番

材料【1人分】

生鮭（切り身）	1切れ（80g）
レモン（輪切り）	1枚
塩	小さじ1/6
ドライハーブ（ディル等）	少々
薄力粉	大さじ1/2
バター	大さじ1
クレソン	少々

作り方 ⏱15分

1. 生鮭は塩、ドライハーブ、薄力粉をまぶす。
2. フライパンにバターを中火で熱し、1の両面を5分ほど焼く。
3. 器に盛り、レモン、クレソンを添える。

memo
薄力粉をまぶすことで、魚の旨味成分の流出を防ぎます。焼きムラができやすくなるので、なるべく薄くつけましょう。

副菜 おすすめ
- アスパラガスとベーコンの炒め物 ⇒ P104
- コールスローサラダ ⇒ P121

かじきまぐろの竜田揚げ

181 kcal

しっかりついた味が◎。お酒のお供にも

材料【1人分】

かじきまぐろ（切り身）	1切れ（80g）
●漬け汁	
A しょうゆ	大さじ1/2
A 酒	大さじ1/2
A しょうが汁	小さじ1
片栗粉	大さじ1
揚げ油	適量

作り方 ⏱5分 漬ける時間は除く

1. かじきまぐろは食べやすい大きさに切り、Aの漬け汁に30分ほど漬ける。
2. 1の汁けをふき取り、片栗粉をまぶし、170℃に熱した揚げ油で3〜4分ほど揚げる。

memo
前日や出かける前に漬け汁に漬けておけば、あとは揚げるだけでOKなので、忙しいときにも◎。

副菜 おすすめ
- オクラとしらす干しのお浸し ⇒ P105
- 山いもの梅肉あえ ⇒ P135

青魚 （ウオイチ）

魚の定番おかず。シンプルに塩で焼いて
あじの塩焼き

145 kcal

材料 {1人分}
- あじ……1尾
- 塩……小さじ⅓

作り方 ⏱10分

1. あじはゼイゴと内臓を取り除き、水洗いし、水けをふき取り、ふり塩をする。皮目に切り目を入れる。
2. グリル、またはロースターで両面焼く。

memo
塩をしてすぐに焼いたものはふっくらと、しばらくおいてから焼くとしまった口当たりに。

副菜おすすめ
- ごぼうのきんぴら ⇨ P123
- 水菜の煮浸し ⇨ P118

秋になったら一度は食べたい
さんまの塩焼き

320 kcal

材料 {1人分}
- さんま……1尾
- 塩……小さじ⅓

作り方 ⏱10分

1. さんまは内臓を取り除き、水洗いし、水けをふき取り、ふり塩をする。
2. グリル、またはロースターで両面焼く。

memo
さんまに切り目を入れておけば、火が通りやすく、皮が破れにくくなります。皮のくっつき防止には、グリルをあらかじめ熱しておくのがポイント。

副菜おすすめ
- オクラともずくの酢の物 ⇨ P105
- 蒸しなすのごまあえ ⇨ P127

ウオイチ 青魚

さんまのかば焼き
ごはんが進む、甘辛ダレがおいしい1品

373 kcal

材料 {1人分}
- さんま……1尾（正味80g）
- 薄力粉……大さじ½
- A [しょうゆ……大さじ⅓
     みりん……大さじ1
     砂糖……小さじ½]
- ごま油……大さじ½
- 青じそ……1枚

作り方 ⏱15分
1. さんまは頭と内臓を取り除き、3枚におろして、食べやすい大きさに切る。
2. フライパンにごま油を中火で熱し、薄力粉をまぶした1を3分ほど両面焼き、取り出す。
3. 2のフライパンにAを入れて弱火で煮詰め、2のさんまを戻してタレをからめる。
4. 器に青じそを敷き、3を盛る。

memo
薄力粉をまぶす前に水けをしっかりふき取ると、粉がダマになりにくくなります。食べる際は、お好みで粉山椒をふってもおいしい。

副菜 おすすめ
- チンゲン菜と油揚げのさっと煮 ⇒ P110
- きゅうりとわかめの酢の物 ⇒ P122

あじフライ
お好みでソースをかけても◎

352 kcal

材料 {1人分}
- あじ……1尾（正味80g）
- キャベツ（せん切り）……2枚分
- レモン……適量
- 塩……小さじ¼
- こしょう……少々
- 薄力粉……適量
- 卵……適量
- パン粉……適量
- 揚げ油……適量

作り方 ⏱15分
1. あじはゼイゴと内臓を取り除き、水洗いし、水けをふき取る。腹から開いて中骨を除き、腹骨もすき取る。
2. 1に塩、こしょうをふり、薄力粉、溶き卵、パン粉の順につけ、170℃に熱した揚げ油で3分ほど揚げる。
3. 器にキャベツ、2を盛り、レモンを添える。

memo
魚の骨は、指で確認しながら丁寧に抜いておくと、口当たりがよくなります。

副菜 おすすめ
- パプリカとツナのサラダ ⇒ P115
- セロリのピクルス ⇒ P124

梅干しでさっぱりとした味わいに
いわしの梅干し煮

222 kcal

材料【1人分】

いわし	2尾(正味80g)
梅干し	1個
しょうが(薄切り)	1枚
A 酒	大さじ1
みりん	大さじ½

作り方 ⏱ 40分

1. いわしは頭と内臓を除いて、水でよく洗い、水けをふき取る。
2. 鍋に1、種を取り除いた梅干し、しょうが、Aを入れて中火にかける。沸騰したら弱火にし、落とし蓋をして20～30分ほど煮る。

memo
いわしは鮮度が落ちやすい魚。買ってきたら、すぐに下ごしらえをしておくとよいでしょう。

副菜 おすすめ
- 小松菜の炒め物 ⇒ P107
- 大根と油揚げのサラダ ⇒ P125

しょうがと青じそが食欲をそそる
あじのたたき

106 kcal

材料【1人分】

あじ	1尾(正味80g)
万能ねぎ(小口切り)	1本分
しょうが(みじん切り)	小さじ1
青じそ	1枚
しょうゆ	適量

作り方 ⏱ 15分

1. あじはゼイゴと内臓を取り除き、水洗いし、3枚におろす。皮をはぎ取り、粗みじん切りにする。
2. ボウルに1と万能ねぎ、しょうがを入れてあえる。
3. 器に青じそを敷き、2を盛り、しょうゆを添える。

memo
食べる直前まで、しっかり冷やしておくとおいしくいただけます。

副菜 おすすめ
- ほうれん草のごまあえ ⇒ P117
- れんこん香味揚げ ⇒ P131

魚介類 (ウオイチ)

たこときゅうりの酢の物

たこときゅうりの歯ごたえがおいしい！

124 kcal / **10分**

材料【1人分】
- ゆでだこ……………………80g
- きゅうり……………………1/2本
- しょうが（せん切り）……大さじ1/2
- A
  - 酢………………………大さじ1
  - 砂糖……………………小さじ1
  - しょうゆ………………小さじ1
  - 煮きり酒………………大さじ1

作り方
1. きゅうりは薄い輪切りにし、塩（分量外）でよくもみ、水けをきる。ゆでだこは薄いそぎ切りにする。
2. ボウルにAをよく混ぜ合わせ、1、しょうがを加えてよくあえる。

memo
酸味を抑えたければだし汁を加えたり、甘味を足したければ砂糖を増やしたりと、組み合わせ方次第で自分好みの合わせ酢を作れます。

副菜おすすめ
- にんじんのかき揚げ ⇒ P113
- 里いもの含め煮 ⇒ P133

えびフライ

みんな大好き！人気メニューの定番！

263 kcal / **15分**

材料【1人分】
- えび……………………3尾（正味80g）
- サラダ菜…………………適量
- レモン……………………適量
- 塩……………………小さじ1/4
- 薄力粉……………………適量
- 卵…………………………適量
- パン粉……………………適量
- 揚げ油……………………適量

作り方
1. えびは尾を残して殻をむき、背ワタを取って塩をふる。
2. 1を薄力粉、溶き卵、パン粉の順につけ、170℃に熱した揚げ油で揚げる。
3. サラダ菜を敷いた器に2を盛り、レモンを添える。

memo
えびの腹側に浅い切り込みを入れると、揚げたときに丸まりません。

副菜おすすめ
- レタスのスープ煮 ⇒ P130
- ポテトサラダ ⇒ P132

大根にいかの旨味がじんわり
いかと大根の煮物

139 kcal

材料【1人分】
- いか（胴のみ）……80g
- 大根……100g
- A
  - しょうが（薄切り）……1枚
  - だし汁……100㎖
  - 酒……大さじ1
  - みりん……大さじ1
  - しょうゆ……大さじ1

作り方 ⏱40分

1. 大根は2cm幅の半月切りにして下ゆでする。いかは輪切りにする。
2. 鍋にAを入れて中火にかけ、ひと煮立ちさせたら1を加える。
3. 落とし蓋をして20～30分ほど煮る。

memo
いかは加熱しすぎるとかたくなるので、煮すぎないようにしましょう。

副菜 おすすめ
- 揚げピーマンのガーリックしょうゆ ➡ P114 
- ごぼうのサラダ ➡ P123

ぷりぷりの食感で、箸が止まらない1品
えびチリ

175 kcal

材料【1人分】
- むきえび……80g
- 長ねぎ（みじん切り）……大さじ1
- 市販のえびチリの素……1人分
- ごま油……大さじ½

作り方 ⏱15分

1. むきえびは背ワタを取り除く。
2. フライパンにごま油を中火で熱し、1を炒める。
3. えびの色が白っぽくなったらえびチリの素を加えてからめる。
4. 長ねぎを3に加えてさらに炒める。

memo
えびの背ワタは、竹串を背中の一番高い部分に刺し、そのままそっと持ち上げるのがポイント。

副菜 おすすめ
- にらともやしの中華風サラダ ➡ P112 
- かぶの中華風煮浸し ➡ P119

> ウオイチ 貝類

かきフライ

外はさくさく、中はジュワッとジューシー

223 kcal

材料【1人分】

かき（むき身）	3個（80g）
レモン（輪切り）	½枚
イタリアンパセリ	適量
塩	小さじ⅙
こしょう	少々
薄力粉	適量
卵	適量
パン粉	適量
揚げ油	適量

作り方 ⏱15分

1 かきは塩水で洗い、水けをふき取り、塩、こしょうをふる。
2 1を薄力粉、溶き卵、パン粉の順につけ、170℃に熱した揚げ油で揚げる。
3 器に盛り、レモン、イタリアンパセリを添える。

memo
かき特有の旨味となめらかな口当たりを損なわないように、適温で短時間で揚げましょう。

副菜 おすすめ
- トマトと玉ねぎのサラダ ⇒ P111 
- カリフラワーのピクルス ⇒ P120

かきの和風ソテー

バターじょうゆが香る、酒の肴にも喜ばれる1品

170 kcal

材料【1人分】

かき（むき身）	小4個（80g）
タイム	適量
薄力粉	大さじ1
こしょう	少々
しょうゆ	小さじ½
バター	大さじ1

作り方 ⏱10分

1 かきは塩水で洗い、水けをふき取る。こしょうと薄力粉をまぶす。
2 フライパンにバターを中火で熱し、1を両面焼き、しょうゆを回しかける。
3 器に盛り、タイムをのせる。

memo
塩水で洗うのは、かき表面のぬめりをとるため。2～3%の海水程度の濃さで洗うとよいでしょう。

副菜 おすすめ
- オクラともずくの酢の物 ⇒ P105 
- 白菜の中華風サラダ ⇒ P128

にんにくの風味が食欲をそそる
あさりとアスパラのにんにく炒め

123 kcal

材料【1人分】
- あさり（殻つき）……… 正味80g
- グリーンアスパラガス……… 3本
- にんにく（みじん切り）… ½かけ分
- 紹興酒……………………… 大さじ½
- A
  - しょうゆ…………… 小さじ1
  - オイスターソース… 大さじ½
  - こしょう…………………… 少々
- ごま油……………………… 大さじ½

作り方　⏱15分
1. あさりは殻をよくこすり洗いし、3％の塩水にひと晩つけて砂抜きする。
2. アスパラガスは根元のかたい部分を取り除き、斜め切りにする。
3. フライパンにごま油、にんにくを弱火で熱し、香りが出てきたら1、2を入れて炒め、紹興酒を加えて炒める。
4. あさりの口が開いたら、Aを加え、さらに炒めて仕上げる。

おすすめ副菜
- なすのナムル ⇨ P127 
- きのこの当座煮 ⇨ P136

あさりの旨味がよく出て、酒の肴にピッタリ
あさりの酒蒸し

61 kcal

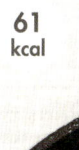

材料【1人分】
- あさり（殻つき）……… 正味80g
- にんにく（みじん切り）… ½かけ分
- 万能ねぎ（小口切り）…… 1本分
- 酒………………………… 大さじ2
- しょうゆ………………… 小さじ½

作り方　⏱10分
1. あさりは殻をよくこすり洗いし、3％の塩水にひと晩つけて砂抜きする。
2. フライパンに1、にんにく、しょうゆ、酒を加え、蓋をして中火で3〜5分ほど加熱する。
3. あさりの口が開いたら、万能ねぎを散らす。

memo
あさりは加熱しすぎると、身がしまって旨味が流れ出てしまいます。口が開いたら食べごろなので、すぐに火を止めて。

おすすめ副菜
- にらともやしの中華風サラダ ⇨ P112 
- 山いもの香味揚げ ⇨ P135

> ニクイチ

鶏肉

---

292 kcal

お弁当や、丼にもおすすめの1品!

鶏の照り焼き

材料【1人分】

鶏もも肉	80g
ゆで卵	½個
長ねぎ	¼本
しょうが(薄切り)	1枚
A しょうゆ	小さじ1
砂糖	小さじ½
みりん	大さじ½

作り方 ⏱ 25分

1. 鶏肉は余分な脂を取り除く。
2. 鍋に1、長ねぎ、しょうが、Aを入れて中火にかけ、ひと煮立ちさせたら落とし蓋をして15〜20分ほど加熱し、肉に火を通す。
3. ゆで卵を加え、タレを煮からめる。

memo
鶏肉は皮目にフォークで穴をあけることで、焼いた際に縮みにくくなるとともに、味がよくしみ込みます。

副菜おすすめ
- 小松菜のピーナッツソースあえ ⇒ P107 
- さつまいものレモン煮 ⇒ P134

---

262 kcal

しっかり味がしみ込んだ人気おかず

鶏のから揚げ

材料【1人分】

鶏もも肉	80g
レモン	適量
●漬け汁	
A しょうが(すりおろし)	小さじ¼
にんにく(すりおろし)	小さじ¼
しょうゆ	小さじ1
酒	小さじ1
みりん	小さじ1
こしょう	少々
強力粉	大さじ2
揚げ油	適量

作り方 ⏱ 15分 漬ける時間は除く

1. 鶏肉は余分な脂を取り除き、ひと口大に切る。
2. Aの漬け汁に1を加えて半日漬ける。
3. 2の汁をよくふき取り、強力粉をまぶし、170℃に熱した揚げ油で5〜7分ほど揚げる。
4. 器に盛り、レモンを添える。

memo
強力粉を使うことでもっちりとした食感に。カリカリした食感が好きなら、片栗粉を使ってみて。

副菜おすすめ
- オクラとしらす干しのお浸し ⇒ P105 
- カリフラワーのタラモサラダ ⇒ P120

電子レンジで簡単ヘルシー！ごまダレがよく合う
棒棒鶏（バンバンジー）

207 kcal

材料【1人分】
鶏もも肉	80g
長ねぎ（青い部分）	適量
しょうが（薄切り）	1枚
酒	大さじ1
塩	小さじ1/4
ごまダレ（市販）	大さじ1

作り方　⏱7分
1. 鶏肉は余分な脂を取り除き、塩をすり込む。
2. 耐熱皿に1、長ねぎ、しょうがをのせる。酒をふりかけ、ラップをふんわりかけ、電子レンジで1分30秒加熱する。一度取り出し、ひっくり返してさらに1分加熱する。
3. 2を1.5cm幅に切って器に盛り、ごまダレをかける。

memo
蒸した鶏肉は、サラダやあえ物、酢の物などにも使えます。

副菜おすすめ
- チンゲン菜のクリームあんかけ ⇒ P110
- もやしのナムル ⇒ P129

テーブルも華やかになる、ごちそう料理♪
鶏のトマト煮

236 kcal

材料【1人分】
鶏むね肉	80g
塩・こしょう	各少々
玉ねぎ	1/8個
セロリ	1/6本
ホールトマト缶	1/4缶
白ワイン	大さじ1/2
ドライハーブ（バジルなど）	少々
バジルの葉	適量
塩	小さじ1/8
こしょう	少々
オリーブオイル	小さじ1

作り方　⏱30分
1. 鶏肉は余分な脂を取り除き、食べやすい大きさに切り、塩、こしょうをふる。玉ねぎ、セロリはみじん切りにする。
2. フライパンにオリーブオイルを中火で熱し、1の鶏肉を皮目からこんがりと焼き、玉ねぎ、セロリを加えて炒める。白ワインを加え、アルコールを飛ばす。
3. ホールトマト、ドライハーブを加えてさらに15〜20分ほど煮詰め、塩、こしょうで味をととのえる。
4. 器に盛り、バジルをのせる。

memo
パスタにのせれば、チキンのトマトソースパスタに。アレンジも楽しめます。

副菜おすすめ
- ブロッコリーのチーズ焼き ⇒ P116
- 丸ごと玉ねぎのコンソメ煮 ⇒ P126

ニクイチ 鶏肉

ローストチキン
ハーブが香る主役メニュー

208 kcal

材料【1人分】
- 鶏もも肉　　　　　　　　80g
- にんにく(つぶしたもの)　½かけ分
- タイム　　　　　　　　　1本
- 白ワイン　　　　　　　大さじ½
- 塩　　　　　　　　　　小さじ⅙
- こしょう　　　　　　　　少々
- オリーブオイル　　　　小さじ1

作り方　⏱15分
1. 鶏肉は余分な脂を取り除き、塩、こしょうをすり込む。
2. フライパンにオリーブオイルとにんにくを中火で熱し、香りが出てきたら、1の皮目を下にして2分ほどこんがりと焼き、焼き色がついたら、ひっくり返して裏面も1分ほど焼く。
3. 白ワインとタイムを加え、蓋をして5分ほど加熱し、肉に火を通す。

memo
パリパリ、ジューシーな仕上がりにするには、皮目から焼き、そのままこんがりするまでじっくり焼くのがポイント。

副菜おすすめ
- キャベツとアンチョビの炒め物 ⇨ P121
- きのこのマリネ ⇨ P137

鶏むね肉とみょうがの梅煮浸し
みょうがと梅干しでさっぱりしておいしい！

171 kcal

材料【1人分】
- 鶏むね肉　　　　　　　　80g
- みょうが(薄切り)　　　　1個分
- しょうが(薄切り)　　　　1枚
- 梅干し　　　　　　　　　1個
- 酒　　　　　　　　　　大さじ½
- 薄口しょうゆ　　　　　小さじ½

作り方　⏱10分
漬ける時間は除く

1. 鶏肉を耐熱皿に並べ、しょうが、梅干しをのせ、酒を回しかける。
2. 1にふんわりラップをかけ、電子レンジで1分30秒加熱する。一度取り出し、ひっくり返してさらに1分加熱する。
3. 保存袋に2を煮汁ごと入れ、みょうが、しょうゆを加え、冷蔵庫で1時間以上漬ける。

memo
レンジで加熱した鶏肉は、すぐにラップを外さずに、かぶせたまま5分程度おくことで、しっとりとした仕上がりに。

副菜おすすめ
- いんげんのごまあえ ⇨ P108
- 大学いも ⇨ P134

ふっくら♪ お弁当にもおすすめ
鶏ささみのピカタ

211 kcal

材料 〔1人分〕

鶏ささみ	80g
卵	½個
イタリアンパセリ	適量
薄力粉	大さじ1
塩	小さじ⅙
こしょう	少々
オリーブオイル	大さじ½

作り方　⏱15分

1. 鶏ささみは筋を取り除き、6等分にそぎ切りにする。
2. 1に塩、こしょうをふり、薄力粉、溶き卵の順につける。
3. フライパンにオリーブオイルを中火で熱し、2を10分ほど両面焼く。
4. 器に盛り、イタリアンパセリをのせる。

memo
ささみの筋は、白い筋に沿って包丁で2〜3cm切り込みを入れ、筋を押さえながらしごくようにして取ります。

副菜おすすめ
- パプリカのピクルス ⇒ P115
- セロリとツナのサラダ ⇒ P124

煮込むだけで簡単やわらか！
鶏手羽先とゆで卵のお酢煮

277 kcal

材料 〔1人分〕

鶏手羽先	3本
ゆで卵	½個
長ねぎ(ぶつ切り)	½本
A しょうゆ	大さじ½
A 酢	大さじ½
A みりん	大さじ½
A 酒	大さじ½
A 砂糖	小さじ1

作り方　⏱25分

1. フッ素樹脂加工のフライパンを中火で熱し、鶏手羽先を両面こんがりと焼く。
2. 1にA、ゆで卵、長ねぎを加え、落とし蓋をして弱中火で15〜20分ほど煮る。

memo
お肉をお酢で煮ると、やわらかな食感になります。

副菜おすすめ
- ピーマンとじゃこの炒め物 ⇒ P114
- もやしのねぎソースサラダ ⇒ P129

ニクイチ 豚肉

豚のしょうが焼き

ごはんが進む、スタミナメニュー

317 kcal

材料【1人分】

豚肩ロース薄切り肉	80g
サラダ菜	適量
A しょうが汁	小さじ1
しょうゆ	大さじ½
酒	大さじ½
みりん	大さじ1
ごま油	大さじ½

作り方 ⏱10分

1. ボウルに豚肉を入れ、合わせたAをなじませる。
2. フライパンにごま油を中火で熱し、1の豚肉を両面焼き、煮汁を加えて煮からめる。
3. サラダ菜を敷いた器に2を盛る。

memo
余分なタレがからんでいると焦げつく原因に。まずは少なめのタレで焼いて、残りのタレは仕上げにからめるのがコツ。

副菜 おすすめ
- 小松菜のナムル ⇒ P107 
- 新玉ねぎのサラダ ⇒ P126

豚の角煮

圧力鍋で時短！味がしみ込んだやわらかな1品

377 kcal

材料【1人分】

豚バラ肉	80g
酒	50ml
A しょうゆ	大さじ⅔
みりん	大さじ1
砂糖	小さじ1

作り方 ⏱40分

1. 豚肉は食べやすい大きさに切り、圧力鍋に入れて酒を加え、蓋をして強火にかける。圧力がかかったら、弱火にして3分加圧し、自然放置する。
2. 1にAを加えて蓋をしないで、15〜20分ほど煮る。

memo
豚肉の大きさは揃えて、火の通りがムラにならないように注意。圧力鍋で煮込み料理をする場合は、加圧後、蓋をしないで煮詰めるのがコツ。

副菜 おすすめ
- ピーマンのゆかりあえ ⇒ P114 
- 大根と油揚げのサラダ ⇒ P125

衣はさくっと、肉汁たっぷり
とんかつ

388 kcal

材料【1人分】
- 豚肩ロース厚切り肉…1枚(80g)
- キャベツ(せん切り)…………2枚
- 塩……………………小さじ1/6
- こしょう…………………少々
- 薄力粉……………………適量
- 卵…………………………適量
- パン粉……………………適量
- 揚げ油……………………適量

作り方 ⏱15分

1. 豚肉に塩、こしょうをふり、薄力粉、溶き卵、パン粉の順に衣をつける。
2. 170℃に熱した揚げ油で両面を5〜7分ほど揚げる。
3. キャベツを敷いた器に2を盛る。

memo
揚げ物をおいしく食べるには、やっぱり揚げたてが一番。副菜などの準備をすませて食べる直前に揚げるのがgood。

副菜おすすめ
- トマトと玉ねぎのサラダ ⇒ P111 
- きゅうりのヨーグルトサラダ ⇒ P122

たくさん作って作りおきも便利
焼き豚

310 kcal

材料【1人分】
- 豚肩ロースかたまり肉………80g
- しょうが(薄切り)……………1枚
- 三つ葉……………………適量
- 塩……………………小さじ1/8
- こしょう…………………少々
- 酒………………………大さじ2
- しょうゆ………………大さじ1/2
- 砂糖……………………小さじ1
- ごま油…………………大さじ1/2

作り方 ⏱40分

1. 豚肉に塩、こしょうをすり込み、ごま油を中火で熱したフライパンで、全面に焼き色をつける。
2. 1に酒としょうがを加え、蓋をして弱火で10分加熱して火を止め、そのまま10分おく。
3. 2にしょうゆ、砂糖を加えて再び弱火にかけ、10分ほど煮詰める。
4. 器に盛り、三つ葉をのせる。

memo
余った焼き豚は、チャーハンの具やラーメンに添えてもおいしくいただけます。多めに作って、一回分ずつ分けて冷凍保存しておくと便利。

副菜おすすめ
- にんじんのサラダ ⇒ P113 
- なすのナムル ⇒ P127

牛肉

ニクイチ

310 kcal

にんにくじょうゆがよく合う！贅沢な1品

牛のたたき

材料【1人分】

- 牛ももかたまり肉……………80g
- しょうが（薄切り）……………1枚
- にんにく（すりおろし）……小さじ½
- 青じそ・万能ねぎ………各適量
- 塩……………………小さじ⅛
- こしょう……………………少々
- 酒……………………大さじ2
- しょうゆ……………大さじ½
- みりん………………大さじ1
- ごま油………………大さじ½

作り方 ⏱20分

1. 牛肉に塩、こしょうをすり込む。
2. フライパンにごま油を中火で熱し、1の全面に焼き色をつけ、酒としょうがを加え、蓋をして1分加熱する。火を止め、そのまま5分おく。
3. 2から牛肉を取り出し、しょうゆ、みりん、にんにくを加えて煮詰め、ソースを作る。
4. 牛肉をスライスして器に盛り、3、青じそ、万能ねぎを添える。

memo
牛のたたきは、食べる直前まで冷蔵庫に入れて冷やしておくと、肉汁も出にくく切りやすくなります。

副菜 おすすめ
- 揚げピーマンのガーリックしょうゆ ➡ P114
- おろしきのこ ➡ P136

---

586 kcal

特別な日の主役メニュー。レモンを添えてさっぱりと

ビーフステーキ

材料【1人分】

- 牛ステーキ用肉……………150g
- にんにく（薄切り）………½かけ分
- レモン（輪切り）……………1枚
- フレッシュハーブ（オレガノ）…適量
- 塩……………………小さじ⅙
- こしょう……………………少々
- 白ワイン……………大さじ1
- バター………………大さじ1

作り方 ⏱15分

1. 牛肉に塩、こしょうをふる。
2. フライパンにバターを中火で熱し、にんにくを炒め、1を入れて両面に焼き色をつけ、白ワインを加える。蓋をして火を止め、5分おく。
3. 器に2をスライスして盛り、レモン、オレガノを添える。

memo
冷蔵庫から出したばかりの肉を焼くと、外だけ焼けて中心は生ということも。常温に戻し、焼く直前に味つけをするのがポイント。

副菜 おすすめ
- にんじんのグラッセ ➡ P113
- 新玉ねぎのサラダ ➡ P126

ごはんとの相性抜群！
牛肉のオイスターソース炒め

308 kcal

材料【1人分】
牛焼き肉用スライス	80g
にんにく(薄切り)	½かけ分
長ねぎ(斜め切り)	⅙本分
塩	小さじ⅙
こしょう	少々
酒	大さじ½
片栗粉	小さじ1
オイスターソース	大さじ1
ごま油	大さじ½

作り方 🕐 15分
1. 牛肉に塩、こしょう、酒、片栗粉をもみ込み、下味をつける。
2. フライパンにごま油を中火で熱し、にんにく、長ねぎ、1を加えて7〜10分ほど炒める。
3. オイスターソースを加えてさらに炒め、器に盛る。

memo
同じ作り方で、牛肉の代わりに豚肉を使っても◎。

副菜 おすすめ
- 春菊のサラダ ⇒ P109 
- かぶの中華風煮浸し ⇒ P119

冷めてもおいしい！作りおきのおかずにも
牛肉のしぐれ煮

216 kcal

材料【1人分】
牛こま切れ肉	80g
しょうが(せん切り)	1枚分
A しょうゆ	大さじ½
A みりん	大さじ½
A 酒	大さじ½
A 砂糖	小さじ1

作り方 🕐 10分
1. 鍋にAを入れて中火にかけ、ひと煮立ちさせる。
2. 牛肉としょうがを1に加え、水分を飛ばすように中火で5〜7分ほど炒り煮にする。

memo
しっかりと味がついているので日持ちし、常備菜にピッタリの1品です。しょうがを多めに入れると長持ちします。

副菜 おすすめ
- にらのお浸し ⇒ P112 
- 大根のステーキ ⇒ P125

> ニクイチ

ひき肉

387 kcal

肉汁たっぷりの焼き方のコツを覚えて
餃子

材料【1人分】

豚ひき肉	80g
キャベツ（みじん切り）	1枚分
にら（みじん切り）	5本分
長ねぎ（みじん切り）	大さじ1
A ┌ 片栗粉	大さじ½
├ しょうゆ	小さじ½
└ 酒	小さじ½
餃子の皮	10枚
ごま油	大さじ½

作り方 ⏱20分

1. ボウルに豚肉、キャベツ、にら、長ねぎ、Aを加え、よく混ぜる。
2. 1を餃子の皮にのせ、ふちに水をつけてヒダを作りながら包む。
3. フライパンにごま油を中火で熱し、餃子を並べて、水大さじ2（分量外）を加え、蓋をして弱火で5分ほど焼く。蓋を外し、中強火にして、水分を飛ばして仕上げる。

memo
焼く際は、餃子を箸でさわりすぎると皮が破れてしまうので注意。フライパンを揺すりながら、皮の底に焼き目をつけて、パリッと仕上げて。

副菜おすすめ
- にら玉 ⇒ P112
- 大根と油揚げのサラダ ⇒ P125

299 kcal

子どもから大人まで大人気の肉料理
ハンバーグ

材料【1人分】

A ┌ 合びき肉	80g
├ 玉ねぎ（みじん切り）	大さじ½
├ 卵	¼個
├ パン粉	大さじ2
├ 塩	小さじ⅙
└ ナツメグ	少々
大根おろし	大さじ2
青じそ	1枚
しょうゆ	大さじ½
みりん	大さじ½
サラダ油	適量
ごま油	小さじ1

作り方 ⏱20分

1. ボウルにAを入れ、白っぽくなり、粘りが出るまでよく練る。手にサラダ油を塗り、キャッチボールをする要領で空気を抜き、小判型に形をととのえる。
2. フライパンにごま油を中火で熱し、1を両面焼き色をつけるように10〜15分ほど焼く。
3. ハンバーグに火が通ったら、器に取り出す。フライパンの余分な油を取り除き、しょうゆ、みりんを加え軽く煮詰める。
4. ハンバーグに大根おろしをのせ、3のソースをかけ、青じそのせん切りをのせる。

副菜おすすめ
- 水菜と油揚げのサラダ ⇒ P118
- きのこのマリネ ⇒ P137

はちみつでやさしい甘味のタレが決め手
鶏つくね

256 kcal

材料 {1人分}

- ●つくねのタネ
- A
  - 鶏ひき肉……80g
  - 万能ねぎ(小口切り)……1本分
  - にんじん(細いせん切り)……大さじ1
  - 卵白……½個
  - 片栗粉……大さじ½
  - 塩……小さじ⅛
- ●タレ
- B
  - しょうゆ……大さじ¼
  - 酒……大さじ1
  - はちみつ……大さじ½
- ごま油……小さじ1

作り方　⏱15分

1. ボウルにAを入れてよく混ぜる。3等分にし、平たい丸型にする。
2. フライパンにごま油を中火で熱し、10分ほど1を両面焼く。
3. 2のつくねを取り出して器に盛る。Bをフライパンに加えて弱火で1〜2分ほど煮詰め、つくねにかける。

副菜おすすめ
- 大根のおでん ⇨ P125 
- チンゲン菜とツナのサラダ ⇨ P110

しょうがの風味がおいしい！
肉シュウマイ

297 kcal

材料 {1人分}

- ●シュウマイのタネ
- A
  - 豚ひき肉……80g
  - 玉ねぎ(みじん切り)……¼個分
  - しょうが(みじん切り)……大さじ½
  - 片栗粉……大さじ1
  - 卵白……⅓個
  - 酒……大さじ1
  - しょうゆ……小さじ1
  - 塩……小さじ⅛
  - こしょう……少々
- グリーンピース……6粒
- シュウマイの皮……6枚

作り方　⏱25分

1. ボウルにAを入れてよく練り合わせる。
2. 1を6等分にして、シュウマイの皮で包み、グリーンピースをのせる。
3. 蒸気の上がった蒸し器に2を並べ、中強火で15分ほど蒸す。

memo
肉のたんぱく質はよく練ることで粘り気を出し、弾力が増します。色が白っぽくなるまで練ってみて。

副菜おすすめ
- セロリとじゃこの炒め物 ⇨ P124 
- れんこんとみょうがの甘酢漬け ⇨ P131

ニクイチ 肉＋野菜のおかず

煮物の定番といえばこれ！
肉じゃが

273 kcal

材料【1人分】

牛薄切り肉	30g
じゃがいも	100g
にんじん	1/6本
玉ねぎ	1/6個
絹さや	2枚
しょうゆ	大さじ1/2
酒	大さじ1
みりん	大さじ2
ごま油	大さじ1/2

作り方 ⏱30分

1. じゃがいも、にんじんは皮をむき、食べやすい大きさに切る。玉ねぎはくし形切り、牛肉は5cm幅に切る。
2. 鍋にごま油を中火で熱し、牛肉、じゃがいも、にんじんの順に炒め、油が回ったら、玉ねぎ、しょうゆ、酒、みりん、ひたひたの水（分量外）を加え、落とし蓋をして15〜20分煮る。
3. そのまま冷めるまで待ち、もう一度温め、塩ゆでして斜め切りにした絹さやを散らす。

副菜 おすすめ
- ほうれん草のお浸し ⇨ P117 
- れんこんとみょうがの甘酢漬け ⇨ P131

たっぷりの根菜が食べられるほっこり味
炒り鶏

352 kcal

材料【1人分】

鶏もも肉	80g
れんこん	30g
干ししいたけ	3枚
里いも	50g
にんじん	30g
ごぼう	15g
こんにゃく	40g
絹さや	2枚
酒	大さじ2
だし汁	300mℓ
しょうゆ	大さじ1
みりん	大さじ1
ごま油	大さじ1/2

作り方 ⏱40分

1. れんこんは7mm幅に切り、酢水にさらす。干ししいたけは水でもどし、石づきを切る。里いも、にんじん、ごぼうはひと口大に切り、ごぼうは水にさらす。こんにゃくは手綱結びにする。
2. 鍋にごま油を熱し、ひと口大に切った鶏肉を皮目から焼く。両面焼き色をつけ、1を煮えにくい順に入れて炒める。
3. 酒を加え、アルコールを飛ばすように炒め、だし汁、しょうゆ、みりんの順で入れ、落とし蓋をして20〜30分ほど煮る。
4. 塩ゆでして斜め切りにした絹さやを散らす。

副菜 おすすめ
- 春菊のサラダ ⇨ P109 
- 蒸しキャベツのごまダレがけ ⇨ P121

素揚げせずにおいしく作れる！
酢豚

395 kcal

材料 【1人分】

- 豚肩ロース肉……80g
- たけのこ……⅛本
- にんじん……⅛本
- 玉ねぎ……⅛個
- ピーマン……½個
- A
  - しょうゆ……大さじ1
  - 砂糖……小さじ1
  - 水……大さじ1
  - 鶏がらスープの素……小さじ1
  - ケチャップ……大さじ1
  - 酢……大さじ1
  - 水溶き片栗粉……片栗粉小さじ1＋水大さじ1
- ごま油……大さじ1

作り方　⏱15分

1. 豚肉は食べやすい大きさに切り、塩、こしょう各少々、片栗粉大さじ1（分量外）をまぶす。野菜も食べやすい大きさに切る。
2. フライパンにごま油を中火で熱し、豚肉の全面に焼き色をつけ、野菜を炒める。
3. 2に合わせたAを回しかけ、とろみがつくまで煮詰める。

副菜 おすすめ
- ブロッコリーのナムル ⇨ P116 
- なすの煮浸し ⇨ P127

キャベツに肉の旨味がたっぷり
ロールキャベツ

192 kcal

材料 【1人分】

- 豚バラ薄切り肉……2枚
- キャベツ……100g（2枚）
- イタリアンパセリ……適量
- 塩……小さじ⅙
- こしょう……少々
- 水……300㎖
- コンソメスープの素……小さじ1½

作り方　⏱20分

1. キャベツはさっと湯通しし、豚肉をのせ、塩、こしょうをふり、ロール状に丸める。
2. 鍋に水とコンソメスープの素を加え温め、1を加えて15分ほど煮る。
3. イタリアンパセリをのせる。

memo
キャベツの芯は削いで厚みを均一にすると巻きやすくなります。削いだ芯は炒め物などにも使えます。

副菜 おすすめ
- パプリカのピクルス ⇨ P115 
- 玉ねぎのオーブン焼き ⇨ P126

お皿で数える
栄養量
2

マメイチ

豆腐、納豆等の大豆製品を1皿。

主に植物性たんぱく質の豊富な大豆や大豆製品、納豆、枝豆などのおかず1皿分を3食のうちどこかで食べるようにします。これらは、肉と魚同様、血や筋肉のもとになり、体をつくる大切な栄養素が含まれています。重量は豆腐は100〜150g、厚揚げは50〜60g、大豆は50g、納豆は40gが基本。冷や奴や納豆はバリエーションを広げておくといいでしょう。

> 大豆の水煮は50g
> 納豆は
> 1パック（40〜50g）が1皿分。

> 豆腐は100〜150g
> 厚揚げは50〜60g
> 油揚げは20gが1皿分。

> おからは70g
> みそは36gが1皿分。

こんなとき、どうする？ Q&A

冷や奴を食べるときのみそ汁はどうやって数える？

みそ汁1杯に使用するみそは、だし汁150mlに対して大さじ½弱が基本ですので、重量に換算すると9gほどです。この場合は＋αと考え、マメイチには数えません。

どんな料理がマメイチに数えやすい？

シンプルな冷や奴や納豆は、マメイチとしてもっとも数えやすいでしょう。また、豆腐のみそ汁に入れる豆腐の分量も把握しておけば、数えやすいのでおすすめです。

マメイチ 豆腐

簡単でヘルシー！節約にもなるメニュー
豆腐のステーキ

178 kcal

材料【1人分】
- 絹ごし豆腐…………100g
- 三つ葉（ざく切り）…………少々
- しょうゆ…………大さじ½
- みりん…………大さじ1
- 薄力粉…………大さじ½
- ごま油…………大さじ½

作り方 🕐15分

1. 絹ごし豆腐はペーパータオルで包んで重しをのせ、水けをきり、薄力粉をまぶす。
2. フライパンにごま油を中火で熱し、1を両面焼き色をつけるように10分ほど焼く。
3. しょうゆ、みりんを加えて煮からめる。器に盛り、三つ葉をのせる。

memo
豆腐の水けをしっかりきると、形崩れしにくく、味もしっかりつきます。

副菜 おすすめ
- アスパラガスのごまあえ ⇒ P104 
- かぶとベーコンのロースト ⇒ P119

材料を煮るだけで1品できる
肉豆腐

312 kcal

材料【1人分】
- 木綿豆腐…………100g
- 豚バラ薄切り肉…………50g
- 長ねぎ…………¼本
- 万能ねぎ（小口切り）…………少々
- だし汁…………100ml
- 酒…………大さじ½
- しょうゆ…………大さじ½
- みりん…………大さじ1
- 七味唐辛子…………少々

作り方 🕐30分

1. 木綿豆腐は軽く水きりし、食べやすい大きさに切る。豚肉はひと口大、長ねぎは3cm長さに切る。
2. 鍋にだし汁、酒、しょうゆ、みりんを入れて中火にかける。
3. ひと煮立ちさせたら、豚肉、長ねぎを加え15～20分ほど中弱火で加熱し、豆腐を入れて落とし蓋をしてそのまま中弱火で5分ほど煮る。
4. 器に盛り、万能ねぎをのせ、七味唐辛子をかける。

memo
豚バラ肉の代わりに、豚肩ロース肉や、牛切り落とし肉を使っても◎。

副菜 おすすめ
- オクラの天ぷら ⇒ P105
- きゅうりの梅おかか ⇒ P122

マメイチ 豆腐

揚げ出し豆腐
やさしい味に大根おろしが合う

228 kcal / 15分

材料 {1人分}
- 木綿豆腐……100g
- しし唐辛子……2本
- 大根おろし……大さじ2
- しょうが(すりおろし)……少々
- 片栗粉……大さじ1
- だし汁……100㎖
- 薄口しょうゆ……大さじ2/3
- みりん……大さじ1
- 酒……大さじ1/2
- 揚げ油……適量

作り方
1. 木綿豆腐は軽く水けをきり、片栗粉をまぶし、170℃に熱した揚げ油で揚げる。しし唐辛子も一緒に素揚げする。
2. 鍋にだし汁、しょうゆ、みりん、酒を加え温める。
3. 1を器に盛り、大根おろし、しょうがをのせ、2をかける。

memo
豆腐の水けをきりすぎないようにすると、やわらかい口当たりが残ります。

副菜おすすめ
- アスパラガスのごまあえ ⇒ P104
- もやしとひき肉の炒め物 ⇒ P129

麻婆豆腐
ごはんが進む、中華の定番！

288 kcal / 15分

材料 {1人分}
- 木綿豆腐……100g
- 豚ひき肉……30g
- 長ねぎ(みじん切り)……大さじ2
- 麻婆豆腐の素(市販)……1人分
- ごま油……大さじ1

作り方
1. 木綿豆腐は1.5cmの角切りにし、湯通しする。
2. フライパンにごま油を中火で熱し、豚肉を炒め、1と麻婆豆腐の素を加えてひと煮立ちさせる。
3. 長ねぎを加えてさらに30秒ほど炒める。

memo
絹ごし豆腐を使ってもOK。お好みの口当たりで選んで。

副菜おすすめ
- パプリカのピクルス ⇒ P115
- レタスとじゃこの煮浸し ⇒ P130

大豆・豆 | マメイチ

チリコンカン
おうちで簡単！スパイシーなメキシコ料理

373 kcal

材料【1人分】
- ミックスビーンズ……100g
- 合びき肉……50g
- 玉ねぎ（みじん切り）……¼個分
- ホールトマト缶……100g
- イタリアンパセリ……適量
- コンソメスープの素……小さじ2
- トマトケチャップ……大さじ1
- クミンシード（粉末）……小さじ½
- チリパウダー……小さじ½
- 塩……小さじ⅙
- こしょう……少々
- オリーブオイル……小さじ1

作り方　⏱30分
1. 鍋にオリーブオイルを中火で熱し、合びき肉、クミンシード、玉ねぎを加えて5分ほど炒める。
2. 1にミックスビーンズ、ホールトマト、コンソメスープの素、トマトケチャップを加え、15〜20分ほど煮込む。
3. チリパウダー、塩、こしょうで味をととのえ、イタリアンパセリをのせる。

memo
メキシコの代表的な料理。トルティーヤはもちろん、ごはんやパンにもよく合います。

副菜 おすすめ 
- アスパラガスとベーコンの炒め物 ⇒ P104 
- 白菜のクリーム煮 ⇒ P128

五目豆
食物繊維たっぷりでお腹もスッキリ

221 kcal

材料【1人分】
- 大豆の水煮……100g
- 干ししいたけ……1枚
- A
  - れんこん……20g
  - ごぼう……20g
  - にんじん……20g
  - こんにゃく……20g
- 昆布……2cm×2cm
- B
  - だし汁……200ml
  - 塩……小さじ⅛
  - 砂糖……小さじ⅓
  - しょうゆ……大さじ½
  - みりん……大さじ½

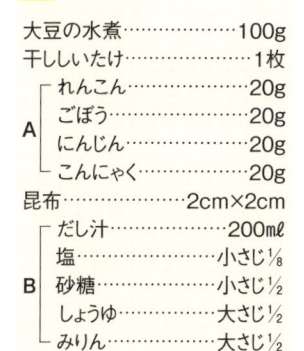

作り方　⏱30分
昆布を浸す時間は除く

1. 干ししいたけは水でもどして石づきを切り落とし、1cm角に切る。Aは1cmの角切りにし、れんこんは酢水につけ、ごぼうは水にさらす。昆布はだし汁に20分ほど浸し、やわらかくなったら1cm角に切る。
2. 鍋にBを入れて、中火にかけ、ひと煮立ちさせたら大豆と1を加え、落とし蓋をし、弱中火で20〜30分ほど煮る。

副菜 おすすめ 
- にら玉 ⇒ P112 
- セロリのピクルス ⇒ P124

> マメイチ

大豆・豆

---

429 kcal

ごはんやパンにのせても
大豆と豚肉のドライカレー

材料【1人分】

大豆の水煮	100g
豚ひき肉	50g
長ねぎ（みじん切り）	大さじ2
にんにく（みじん切り）	1かけ分
しょうが（みじん切り）	大さじ½
カレー粉	大さじ1
カレールウ（市販）	1かけ
だし汁	100mℓ
ごま油	小さじ1

作り方 🕐 25分

1. 鍋にごま油を中火で熱し、にんにく、しょうがを炒め、香りが出てきたら豚肉、大豆、長ねぎを加えてさらに5分ほど炒める。
2. カレー粉、だし汁、カレールウを加えて15分ほど煮詰める。

memo
お好みのスパイスを加えて、自分の味を作ってみるのも楽しめます。

副菜 おすすめ
- パプリカのピクルス ➡ P115 
- カリフラワーのタラモサラダ ➡ P120

---

194 kcal

たくさん作って常備菜にしてもOK
大豆と昆布の煮物

材料【1人分】

大豆の水煮	100g
昆布	3cm×3cm
だし汁	150mℓ
しょうゆ	大さじ⅓
みりん	大さじ1

作り方 🕐 30分　漬ける時間は除く

1. 昆布をだし汁に20分ほどつけ、やわらかくなったら7mm角に切る。
2. 鍋に1、だし汁、しょうゆ、みりんを入れて中火にかけ、ひと煮立ちさせたら水けをきった大豆を加え、落とし蓋をして弱火で20〜30分煮る。

memo
火を止めて冷めるまでおくと、味が芯までしみてよりおいしくなります。

副菜 おすすめ
- ほうれん草のごまあえ ➡ P117 
- えのきだけと豚肉の蒸しロール ➡ P137

納豆 マメイチ

材料を切ってのせるだけで豪華な一品！
ごちそう納豆

177 kcal

材料 {1人分}
- 納豆……1パック
- まぐろ……30g
- たくあん……大さじ1
- きゅうり……¼本
- オクラ……1本
- 万能ねぎ（小口切り）……1本分
- もみのり……適量
- しょうゆ……適量

作り方 　🕒10分

1. たくあんは細いせん切りにし、まぐろは1.5cm角、きゅうりは1cm角に切る。オクラは塩もみしてから水で洗って、うぶ毛を取り、ゆでて2mm幅の輪切りにする。
2. 器に納豆、1をのせ、万能ねぎを散らし、もみのり、しょうゆをかける。

memo
冷蔵庫にある具材を切って合わせるだけで、豪華な1品に。生卵やじゃこをのせても合います。

副菜 おすすめ
- トマトの浅漬け ➡ P111 
- 白菜の煮浸し ➡ P128

詰めて揚げるだけ！お酒にも合う1品
揚げ納豆

257 kcal

材料 {1人分}
- 納豆……1パック
- 油揚げ……1枚
- 万能ねぎ（小口切り）……2本分
- しょうゆ……小さじ½
- 揚げ油……適量

作り方 　🕒10分

1. 油揚げは横半分に切り、袋状にする。
2. 納豆に万能ねぎと納豆のたれ、しょうゆを混ぜ、1に入れ、爪楊枝で閉じる。
3. 170℃に熱した揚げ油で揚げる。

memo
ねぎの代わりに、刻んだキムチやちりめんじゃこでもOK。

副菜 おすすめ
- もやしのねぎソースサラダ ➡ P129 
- きのこの当座煮 ➡ P136

マメイチ 納豆

納豆鍋

納豆から出る旨味がおいしい！ピリ辛鍋

245 kcal

材料 {1人分}

納豆	1パック
木綿豆腐	⅙丁
溶き卵	½個
玉ねぎ	¼個
にんにく(すりおろし)	小さじ1
キムチ	50g
万能ねぎ(小口切り)	1本分
ダシダ*	小さじ1
水	300㎖
みそ	大さじ1

＊ダシダとは韓国のインスタントだしの素。ビーフコンソメスープの素で代用可。

作り方 ⏱20分

1. 木綿豆腐は食べやすい大きさに切り、玉ねぎはくし形切りにする。
2. 鍋にダシダ、水、にんにくを入れて中火にかけ、ひと煮立ちさせたら、1を加えて煮、みそを溶き入れて10～15分ほど煮る。
3. 2に納豆、キムチをのせて溶き卵を回し入れ万能ねぎを散らす。

memo
納豆は、煮込むと風味がなくなってしまうので、最後に入れます。

副菜 おすすめ
- 小松菜の炒め物 ⇒P107
- もやしのナムル ⇒P129

納豆のかき揚げ

さくっ、とおいしい！納豆嫌いでも◎

374 kcal

材料 {1人分}

納豆	1パック
三つ葉	1株
みょうが	1個
しょうが(せん切り)	大さじ1
●天ぷらの衣	
A 卵	⅕個
A 冷水	大さじ1⅓
A 小麦粉	大さじ1⅓
揚げ油	適量

作り方 ⏱15分

1. 三つ葉は3cm長さに切り、みょうがはせん切りにする。
2. Aをボウルに合わせて天ぷらの衣を作り、納豆、しょうが、1を加える。2等分にし、スプーンですくって170℃に熱した揚げ油で揚げる。

memo
揚げる量が少ないときは、市販の天ぷら粉を使ってもいいでしょう。

副菜 おすすめ
- セロリとツナのサラダ ⇒P124
- とろろ汁 ⇒P135

column
冷や奴＆納豆バリエ

マメイチの料理として一番簡単なのが、冷や奴＆納豆。毎日同じ組み合わせは飽きるから、トッピングで変化をつけて楽しみましょう。＋αの栄養もとれて一石二鳥です。

冷や奴バリエ

絹ごし豆腐 ＋ 刻みザーサイ ＋ 白炒りごま

ザーサイの塩味と旨味で豆腐をおいしくいただきます。白炒りごまはカルシウム補給にも役立つのでたっぷりかけて。

絹ごし豆腐 ＋ 食べるラー油 ＋ 万能ねぎ

フライドオニオンやフライドガーリックが入った食べるラー油は、冷や奴のトッピングにもピッタリ。万能ねぎが味のアクセントに。

絹ごし豆腐 ＋ 薬味 ＋ みそ

青じそ、しょうが、みょうが、万能ねぎなどを刻んでのせて食べる冷や奴。いつものしょうゆをみそに変えて新しい味わいを楽しんで。

納豆バリエ

納豆 ＋ 大根おろし ＋ 練り梅

大根おろしと練り梅であっさりとした小鉢に。ごはんにかける他、そうめんなどに添えるのもおすすめ。

納豆 ＋ しらす干し ＋ 青じそ

納豆としらす干しも好相性。カルシウムの補給にもなります。青じそのせん切りをのせることで、さわやかな1品に。

納豆 ＋ 白菜キムチ ＋ うずら卵の卵黄

納豆キムチは発酵食品同士の組み合わせ No.1。うずらの卵の卵黄をのせてマイルドに。ごはんにのせるのが一番おいしい。

お皿で数える
栄養量
3

タマゴイチ

卵1個分が1皿分。ゆで卵、目玉焼き、月見うどんも。

卵1個分＝50gを一皿として数え、1日に1回食べます。スクランブルエッグやオムレツ、出し巻き卵やゆで卵、茶碗蒸しなど、調理の工夫で取り入れて。月見うどん、親子丼などの卵もタマゴイチとして数えます。卵は血や筋肉をつくる良質たんぱく質を多く含み、ビタミンC以外の栄養素を含む栄養価の高い食品なので、毎日欠かさず取り入れて。

1

- 卵1個＝50gを使うことを目安に。
- 玉子焼きだけでなく、茶碗蒸し、親子丼も。
- 納豆に卵を入れてもOK。
- そばやうどんに入れるのもおすすめのとり方。

こんなとき、どうする？ Q&A

ハンバーグや衣のつなぎの卵は数える？
つなぎで使う卵は、タマゴイチとしては数えません。例えば、ハンバーグに対して卵¼個をつなぎとして使った場合や、フライ衣であれば、実際に口に入る量は少量だからです。

チャーハン、にら玉などの卵はどう数える？
料理に卵を1個以上使っていれば、卵1皿として数えます。例えば、チャーハンの場合はごはん1皿と卵1皿、にら玉は緑黄色野菜1皿と卵1皿というように数えます。他にも、月見そば、カルボナーラなども同様に数えます。

タマゴイチ 卵

生クリームでとろとろ食感、プロの味♪
オムレツ

247 kcal

材料 【1人分】

卵	1個
生クリーム	大さじ1
イタリアンパセリ	適量
塩	小さじ⅙
オリーブオイル	大さじ½
●ソース	
ミニトマト	3個
A 玉ねぎ(みじん切り)	小さじ1
A オリーブオイル	小さじ1
A 塩・こしょう	少々

作り方 ⏱15分

1. ボウルに卵、生クリーム、塩を入れよく混ぜる。
2. フライパンにオリーブオイルを中火で熱し、1の卵液を流し入れて大きくかき混ぜ、オムレツを作る。
3. ミニトマトを4つ切りにしてボウルに入れ、Aを加えてよく混ぜ、ソースを作る。
4. 2に3をかけ、イタリアンパセリをのせる。

副菜おすすめ
- きゅうりのヨーグルトサラダ ⇒ P122 
- カリフラワーのピクルス ⇒ P120

忙しい朝も、すぐに作れる！
スクランブルエッグ

160 kcal

材料 【1人分】

卵	1個
牛乳	大さじ1
塩	小さじ¼
バター	10g

作り方 ⏱5分

1. ボウルに卵、牛乳、塩を入れよく混ぜる。
2. フライパンにバターを熱し、1を入れる。木べらでゆっくり混ぜ、固まってきたら火を止める。

memo
余熱を利用するつもりで、とろみが残っているうちに火を止めると、とろとろの仕上がりに。

副菜おすすめ
- ブロッコリーのチーズ焼き ⇒ P116 
- コールスローサラダ ⇒ P121

卵

タマゴイチ

う巻き

176 kcal

スタミナ食材のうなぎを卵で巻いて

材料【1人分】
- 卵……………………1個
- うなぎのかば焼き……………30g
- だし汁………………大さじ1
- 薄口しょうゆ…………小さじ½
- みりん………………大さじ½
- ごま油………………大さじ½

作り方 🕐 10分

1. ボウルに卵を割りほぐし、だし汁、しょうゆ、みりんを加えよく混ぜる。
2. 卵焼き器にごま油を中火で熱し、1の卵液を流し入れ、うなぎのかば焼きをのせて巻きながら厚焼き玉子にする。

memo
卵液の表面が半熟のうちに一気に巻き終えるようにすると、ふっくら、しっとりとした玉子焼きになります。

副菜おすすめ
- オクラともずくの酢の物 ⇒ P105 
- もやしとひき肉の炒め物 ⇒ P129

だし巻き卵

133 kcal

朝食やお弁当の定番メニュー

材料【1人分】
- 卵……………………1個
- だし汁………………大さじ½
- みりん………………小さじ1
- 砂糖…………………小さじ½
- ごま油………………小さじ1

作り方 🕐 10分

1. ボウルに卵を割りほぐし、だし汁、みりん、砂糖を加えよく混ぜる。
2. 卵焼き器にごま油を中火で熱し、1の卵液を流し入れ、巻きながら形をととのえる。

memo
フッ素樹脂加工のフライパンで焼く場合、油をひかなくてもくっつかずに焼けますが、油を使うとしっとりとした口当たりに。

副菜おすすめ
- 小松菜のピーナッツソースあえ ⇒ P107 
- 里いもの揚げ出し ⇒ P133

ゆで卵を漬けるだけ！おかずのトッピングにも
味つけ卵

87 kcal

材料【1人分】
- 卵……………………1個
- めんつゆ……………50㎖
- しょうが（薄切り）……1枚

作り方　⏱15分　漬ける時間は除く

1. 卵は鍋に入れ、かぶるぐらいの水（分量外）を入れて中火にかけ、沸騰してから10分ゆでる。
2. 保存袋にめんつゆ、しょうが、殻をむいた1を入れて、空気を抜きながら密閉する。
3. 冷蔵庫で1日漬ける。

memo
ゆでた卵をすぐに水で冷やすと、余熱が取れるのはもちろん、殻がむきやすくなります。お好みでゆで時間の調整を。

おすすめ副菜
- チンゲン菜と油揚げのさっと煮 ⇒ P110
- えのきだけと豚肉の蒸しロール ⇒ P137 

とろ〜り食感がたまらない！
温泉卵

76 kcal

材料【1人分】
- 卵……………………1個
- だししょうゆ…………小さじ1

作り方　⏱20分

1. 大きめのコップに室温に戻した卵を入れ、沸騰した熱湯をぎりぎりまで（1個につき250㎖ぐらい）入れる。
2. ラップをし、お皿で蓋をして15分おく。
3. 器に割り入れ、だしじょうゆをかけていただく。

memo
卵を入れるお湯の温度と量が決め手。サラダやうどん、パスタなどにトッピングしても◎。

おすすめ副菜
- 絹さやのガーリック炒め ⇒ P108
- レタスとのりのサラダ ⇒ P130

タマゴイチ　卵

ハムエッグ

ふっくら目玉焼きの焼き方をマスター

170 kcal

材料【1人分】
- 卵‥‥‥‥‥‥‥‥‥‥1個
- 薄切りハム‥‥‥‥‥‥2枚
- パセリ‥‥‥‥‥‥‥‥少々
- オリーブオイル‥‥‥‥大さじ½

作り方 ⏱10分

1. 卵は器に割り入れる。薄切りハムは半分に切る。
2. フライパンにオリーブオイルを中火で熱し、薄切りハムを焼き、上から卵を入れお好みの加減に焼く。
3. 器に盛り、パセリを添える。

memo
ふっくらと仕上げたいときは、水を加えて蒸し焼きにしましょう。ハムの代わりにベーコンでもOK。

副菜おすすめ
- にんじんのサラダ ⇒ P113
- ポテトサラダ ⇒ P132

茶碗蒸し

なめらかな口当たりに仕上げて

128 kcal

材料【1人分】
- 卵‥‥‥‥‥‥‥‥‥‥1個
- 鶏もも肉‥‥‥‥‥‥‥10g
- ゆでえび‥‥‥‥‥‥‥1尾
- A
  - だし汁‥‥‥‥‥‥100㎖
  - 酒‥‥‥‥‥‥‥‥大さじ1
  - 薄口しょうゆ‥‥‥小さじ1
- ぎんなん水煮‥‥‥‥‥1個
- 三つ葉‥‥‥‥‥‥‥‥1枚

作り方 ⏱25分

1. ボウルに卵を割りほぐし、Aを加えてよく混ぜ、こし器でこす。
2. 器にえび、鶏肉、ぎんなんを入れ、1の卵液を注ぎ、三つ葉をのせ、蒸気の上がった蒸し器で弱火で20分蒸す。

memo
卵液の中に空気が入り込んでいると、すが立ちやすくなるので、卵は泡が立たないように気をつけながら混ぜましょう。

副菜おすすめ
- 水菜と油揚げのサラダ ⇒ P118
- 山いもの香味揚げ ⇒ P135

ふわふわの中華風玉子焼き
かに玉

材料【1人分】

- 卵……………………1個
- かに缶………………30g
- 干ししいたけ………½枚
- 万能ねぎ……………2本
- グリーンピース……大さじ2
- 鶏がらスープ………大さじ1
- 塩……………………小さじ⅙
- こしょう……………少々
- ●甘酢あん
- A ┌ 鶏がらスープ……50ml
- │ トマトケチャップ…大さじ1
- │ しょうゆ…………小さじ½
- │ 水溶き片栗粉
- └ …片栗粉小さじ½+水小さじ2
- ごま油………………大さじ1

作り方 ⏱15分

1. 干ししいたけは水でもどし、石づきを切り落として薄切りに、万能ねぎは小口切りにする。
2. ボウルに卵を割りほぐし、かに、1、グリーンピース、鶏がらスープ、塩、こしょうを加えてよく混ぜる。
3. フライパンにごま油を中火で熱し、2を流し入れ、大きく混ぜながら5分ほど焼き、かに玉を作り、器に盛る。
4. 小鍋にAを入れて中火でひと煮立ちさせ、3にかける。

264 kcal

副菜おすすめ
- にらともやしの中華風サラダ ⇒ P112
- かぶの甘酢漬け ⇒ P119

油揚げにだし汁がよくしみる
卵と三つ葉の信田煮(しのだに)

材料【1人分】

- 卵……………………1個
- 油揚げ………………½枚
- 三つ葉………………2本
- A ┌ だし汁……………150ml
- │ しょうゆ…………大さじ⅓
- │ 酒…………………大さじ½
- └ みりん……………大さじ½

作り方 ⏱10分

1. 油揚げを袋状に広げ、ざく切りにした三つ葉と卵を割り入れ、三つ葉2本(分量外)で口を縛り、巾着状にする。
2. 鍋にAを入れて中火にかけ、ひと煮立ちさせたら1を加えて5～7分煮る。

memo
油揚げの上で菜箸を押しながら転がすと、袋状に広げやすくなります。

193 kcal

副菜おすすめ
- にんじんのかき揚げ ⇒ P113
- きゅうりとわかめの酢の物 ⇒ P122

お皿で数える
栄養量
4

ギュウニュウニハイニ

牛乳だけでなく、チーズ、ヨーグルトもバランスよく。

「ギュウニュウニハイニ」とは、200mlを2杯と勘違いしやすいのですが、ここでは、小さいコップ120mlに2杯と考えます。牛乳の他に、チーズやヨーグルト、生クリームなども1皿と数えましょう。これらの乳製品は、骨や歯をつくるカルシウムを豊富に含み、体をつくる大切な役割があります。グラタンやシチュー、デザートとして取り入れて。

1

牛乳2杯は
コップに
120mlずつが目安。

牛乳1杯とチーズ40gで
組み合わせるのもOK。

2

チーズだけの日は
80gが目安。
チーズフォンデュで
楽しんでも。

こんなとき、どうする？ Q&A

クリームシチューの具はどのように数えればいい？

クリームシチューは、ギュウニュウニハイニの1杯として数える他に、肉は80g、野菜は70g以上ある場合は、ニクイチ、ヤサイハゴサラの1皿としてカウントします。

スムージーなどで牛乳を使っているときはどう数える？

スムージーは牛乳やヨーグルトと野菜、果物をミキサーにかけた飲み物です。牛乳のカサもありますが、スムージーが200mlであれば、ギュウニュウニハイニの1杯として数えてOKです。

牛乳・生クリーム

ギュウニュウ ニハイニ

なめらかなホワイトソースとぷりぷりのえびが合う
えびグラタン

333 kcal

材料{1人分}

牛乳	150mℓ
むきえび	30g
ブロッコリー	3房
マッシュルーム	1個
マカロニ	30g
薄力粉	5g
コンソメスープの素	小さじ1
塩	小さじ¼
こしょう	少々
ピザ用チーズ	大さじ2
パン粉	小さじ1
バター	7g

作り方 ⏱30分

1. むきえびは背ワタを取り、ブロッコリーは小房に分ける。マッシュルームは石づきを切り落とし、半分に切る。
2. 1を熱湯で1分ほどゆでる。マカロニは塩を加えたたっぷりの湯で袋に表示された時間ゆで、ザルにあげる。
3. 鍋にバターを入れ、弱火で溶かし、薄力粉を加えて炒め、牛乳とコンソメスープの素を加えて中火にして5分加熱する。
4. 耐熱皿に1、2をのせ、3、チーズ、パン粉の順にかける。
5. 180℃に予熱したオーブンで10～15分焼き、こしょうをかける。

副菜 おすすめ
- にんじんのグラッセ ⇒P113
- 新玉ねぎのサラダ ⇒P126

生クリームでクリーミーな仕上がり
じゃがいものグラタン

644 kcal

材料{1人分}

生クリーム	100mℓ
じゃがいも	2個
にんにく(すりおろし)	½かけ分
イタリアンパセリ	適量
ナツメグ	少々
塩	小さじ¼

作り方 ⏱35分

1. ボウルに生クリーム、塩、ナツメグ、にんにくを入れてよく混ぜる。
2. じゃがいもを薄くスライスして、耐熱皿に入れ、1をかけ、180℃に予熱したオーブンで20～30分焼く。イタリアンパセリをのせる。

memo
常備野菜の定番のじゃがいもは、りんごと一緒に袋に入れておくと、りんごから出る成分が発芽を抑えてくれるので、長持ちします。

副菜 おすすめ
- ブロッコリーとえびのサラダ ⇒P116
- レタスのスープ煮 ⇒P130

牛乳・生クリーム

ギュウニュウ ニハイニ

ミルクコーンスープ
寒い朝もほっと温まるスープ

292 kcal

材料【1人分】
- 牛乳……………………200mℓ
- ベーコン………………½枚
- 玉ねぎ…………………⅛個
- クリームコーン缶……100g
- コンソメスープの素…小さじ1
- パセリ(みじん切り)……少々
- 塩・こしょう……………各少々
- 水………………………大さじ1
- コーンスターチ………小さじ1
- バター…………………大さじ¼

作り方 ⏱15分
1. 玉ねぎは薄切り、ベーコンは1cm幅に切る。
2. 鍋にバターを中火で熱し、1を炒める。
3. 2にクリームコーンとコンソメスープの素、牛乳を加えて弱火で5分ほど加熱して、塩、こしょうで味をととのえる。水で溶いたコーンスターチを加えて混ぜ、とろみをつける。
4. 器に盛り、パセリを散らす。

副菜おすすめ
- かぼちゃのサラダ ⇒ P106 
- きのこのソテー ⇒ P136

クリームシチュー
ルウを使わなくても自家製シチュー！

340 kcal

材料【1人分】
- 牛乳……………………100mℓ
- 鶏もも肉………………60g
- 玉ねぎ…………………¼個
- にんじん………………⅙本
- じゃがいも……………½個
- マッシュルーム………2個
- 薄力粉…………………5g
- コンソメスープの素…小さじ1
- 塩………………………小さじ¼
- こしょう………………少々
- バター…………………大さじ½

作り方 ⏱30分
1. 鶏肉、野菜は食べやすい大きさに切る。
2. 鍋に5gのバター(分量外)を中火で熱し、1を炒める。
3. 2にコンソメスープの素とひたひたの水(分量外)を加えて中火で20分ほど煮る。
4. 別の鍋にバター、薄力粉を入れて弱火で1分ほど炒め、牛乳を加えて5分ほど加熱し、ホワイトソースを作る。
5. 3に4を加え、塩、こしょうで味をととのえる。

副菜おすすめ
- チンゲン菜とツナのサラダ ⇒ P110 
- 水菜とスモークサーモンの生春巻き ⇒ P118

チーズ

ギュウニュウ
ニハイニ

切ってのせて焼くだけの簡単レシピ!
ピザトースト

307 kcal

材料【1人分】

ピザ用チーズ	大さじ2
ベーコン	2枚
玉ねぎ	1/10個
ピーマン	1/3個
ミニトマト	1個
食パン(6枚切り)	1枚
ピザソース	大さじ1

作り方　⏱10分

1. 玉ねぎは薄切り、ピーマンは輪切り、ミニトマトは横に輪切りにする。ベーコンは1cm幅に切る。
2. 食パンにピザソースを塗り、1をのせ、チーズをかける。
3. オーブントースターで2～3分焼く。

memo
食パン以外にもバゲットを使ったり、トッピングする材料もウインナーやサラミ、卵、きのこ類などをのせたり、いろいろアレンジして。

副菜おすすめ
- セロリのピクルス ⇨ P124 
- ポテトサラダ ⇨ P132

中からとろ～りチーズがおいしい
チーズたっぷり焼きカツレツ

366 kcal

材料【1人分】

スライスチーズ	1枚
豚ロース薄切り肉	2枚
サラダ菜	適量
こしょう	少々
薄力粉	適量
卵	適量
パン粉	適量
トマトソース(市販)	大さじ2
オリーブオイル	適量

作り方　⏱15分

1. 豚肉にこしょうをふり、1枚の豚肉にスライスチーズをのせ、もう1枚の豚肉をのせてはさんで密着させる。
2. 1に薄力粉、溶き卵、パン粉の順につけ、170℃に熱した多めのオリーブオイルで揚げる。
3. 器にサラダ菜を敷き、2を盛り、トマトソースをかける。

memo
揚げ油に入れて、裏側のパン粉がカリッとしてきたら返し、全体にこんがりと色づくまで1～2回返しながら揚げるのがコツ。

副菜おすすめ
- パプリカのピクルス ⇨ P115 
- きゅうりのヨーグルトサラダ ⇨ P122

チーズ

ギュウニュウ ニハイニ

チーズフォンデュ

好きな野菜を用意してパーティー気分♪

260 kcal

材料【1人分】
- ピザ用チーズ……………50g
- 牛乳………………大さじ2
- にんにく(すりおろし)……小さじ¼
- 水…………………小さじ1
- コーンスターチ…………小さじ½
- コンソメスープの素……小さじ¼
- ゆで野菜、バゲットなど…各適量

作り方 ⏰15分
1. 鍋に牛乳、にんにく、コンソメスープの素、チーズを入れて弱火で熱し、混ぜながらゆっくりと全体を溶かす。
2. 1に水に溶かしたコーンスターチを加え、とろみをつける。お好みの具材をつけながらいただく。

memo
具材はチーズがからめばOKなので、冷蔵庫にある野菜やウインナーなど色々試して。何種類かのチーズを混ぜて風味を変えるのも◎。

おすすめ副菜
- 水菜とスモークサーモンの生春巻き ⇒ P118
- キャベツとアンチョビの炒め物 ⇒ P121

クリームチーズとアボカドのサーモンロール

包むだけ！彩りもきれいな1品

278 kcal

材料【1人分】
- クリームチーズ……………2½個(1個18g)
- アボカド…………¼個
- スモークサーモン…………2½枚

作り方 ⏰10分
1. アボカドは5等分にスライスする。
2. スモークサーモン½枚にアボカド、クリームチーズ½個をのせて包む。これを5個作る。

memo
アボカドにレモン汁をかけておくと、変色を防げます。

おすすめ副菜
- 白菜のクリーム煮 ⇒ P128
- ポテトフライ ⇒ P132

column
食材の旬を知りましょう

旬の食材は、一番安くておいしい上に栄養価も高いです。献立を作るために覚えておきましょう。

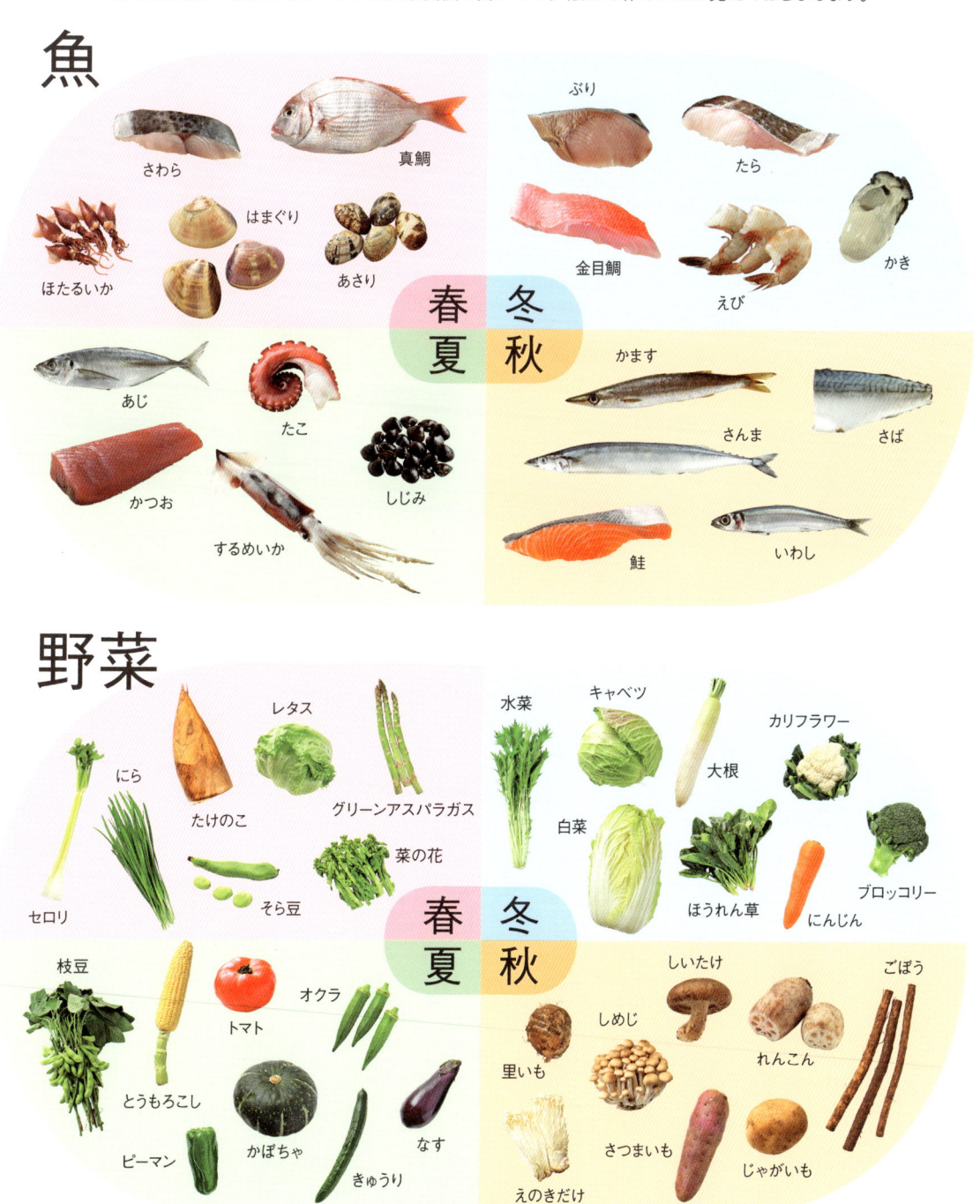

魚

春夏
- さわら
- 真鯛
- ほたるいか
- はまぐり
- あさり
- あじ
- たこ
- かつお
- するめいか
- しじみ

冬
- ぶり
- たら
- 金目鯛
- えび
- かき

秋
- かます
- さんま
- さば
- 鮭
- いわし

野菜

春夏
- にら
- たけのこ
- レタス
- グリーンアスパラガス
- 菜の花
- そら豆
- セロリ
- 枝豆
- とうもろこし
- トマト
- オクラ
- ピーマン
- かぼちゃ
- きゅうり
- なす

冬
- 水菜
- キャベツ
- 大根
- カリフラワー
- 白菜
- ほうれん草
- にんじん
- ブロッコリー

秋
- しいたけ
- しめじ
- ごぼう
- 里いも
- れんこん
- さつまいも
- じゃがいも
- えのきだけ

お皿で数える
栄養量
5

ヤサイハゴサラ

緑黄色野菜、淡色野菜、いも・きのこをバランスよく。

1日に食べる野菜は、緑黄色野菜2皿、淡色野菜2皿、いも・きのこ1皿の「ヤサイハゴサラ」が基本。体の調子をよくするビタミン、ミネラル、食物繊維を摂取できます。青菜、かぼちゃなどの緑黄色野菜、白菜やキャベツなどの淡色野菜は1皿70〜100gを目安にしましょう。いもやきのこも忘れずに毎日取り入れると、1日350gの野菜を簡単に摂取できます。

緑黄色野菜 *2皿*

1

2

かぼちゃ、青菜、トマトなどの緑黄色野菜は1皿70〜100gが目安。

お浸し、ごまあえ、サラダの他、炒め物、揚げ物も。

こんなとき、どうする? Q&A

鍋料理の野菜は、どのように数える?

鍋料理に使う野菜は、春菊などの緑黄色野菜と白菜、ねぎなどの淡色野菜、きのこなどがあります。それぞれの野菜が70g以上あれば、1皿と数えます。

淡色野菜 *2皿*

サラダやスープ、炒め物など万能に使える。

1

2

白菜、大根、キャベツなどの淡色野菜も1皿70～100gが目安。

こんなとき、どうする？ Q&A

わかめやもずくなどの海藻類はどこに分類される？

わかめやもずくをたっぷり使った小鉢や汁物は淡色野菜の1皿として考えます。ミネラル、食物繊維が豊富なので積極的に取り入れましょう。わかめのみそ汁の場合はわかめも少量なので＋αとします。

いも・きのこ *1皿*

1

じゃがいも、里いもなどのいも類ときのこ類も忘れずに。

こんなとき、どうする？ Q&A

ポテトサラダって、いも1皿として数えていい？

ポテトサラダはじゃがいもを100g使うので、いも1皿として数えましょう。ポテトサラダに含まれるハムが少量のときは、肉1皿とは数えず、＋αとします。

煮物、炒め物、揚げ物、汁物などバリエーションも豊富。

103

アスパラガス

ヤサイハゴサラ / 緑黄色野菜

123 kcal

冷めてもおいしいからお弁当のおかずに
アスパラガスとベーコンの炒め物

材料　{1人分}

- グリーンアスパラガス……100g
- ベーコン………………………1枚
- にんにく(薄切り)………½かけ分
- 塩…………………………小さじ⅛
- こしょう…………………………少々
- オリーブオイル……………小さじ1

作り方　⏱10分

1. アスパラガスは根元のかたい部分を取り除き、斜め切りにする。ベーコンは2cm幅に切る。
2. フライパンにオリーブオイルとにんにくを中火で熱し、1のベーコン、アスパラガスの順に入れて1分ほど炒める。
3. 塩、こしょうで味をととのえる。

memo
切った根元から2～3cmほどの部分も繊維が多いので、皮をむく下処理をすると◎。

---

44 kcal

アスパラガスも和風のおかずに
アスパラガスの煮浸し

材料　{1人分}

- グリーンアスパラガス……100g
- しょうが(すりおろし)……大さじ½
- だし汁………………100～150㎖
- みりん……………………小さじ1
- 薄口しょうゆ……………小さじ¾

作り方　⏱5分（浸す時間は除く）

1. アスパラガスは根元のかたい部分を取り除いて5cm長さに切り、塩を加えた熱湯で1分～1分30秒ほどゆでる。
2. 鍋にだし汁、みりん、しょうがを入れて中火にかけ、ひと煮立ちさせたら火を止め、しょうゆを加える。
3. 2に1を30分浸す。

memo
茎についている三角形の部分も削り取ると、口当たりがよくなります。

---

212 kcal

ごまあえ衣であえるだけ！
アスパラガスのごまあえ

材料　{1人分}

- グリーンアスパラガス……100g
- ●ごまあえの素
  - A
    - 白練りごま……………大さじ1
    - 白すりごま……………大さじ1
    - 砂糖……………………大さじ1
    - 薄口しょうゆ…………小さじ⅔

作り方　⏱10分

1. アスパラガスは根元のかたい部分を取り除いて、5cm長さに切り、塩を加えた熱湯で1分～1分30秒ほどゆでる。
2. Aをボウルに入れよく混ぜ、1を加えてあえる。

memo
ゆでたアスパラガスは、しっかり水けをふき取ってからあえて。

オクラ

緑黄色野菜 / ヤサイハゴサラ

オクラとしらす干しのお浸し
しらす干しの塩味がほどよくおいしい

89 kcal

材料【1人分】
- オクラ……………100g
- しらす干し………20g
- だし汁……………100ml
- しょうが(すりおろし)……大さじ½
- みりん……………大さじ½
- 薄口しょうゆ……大さじ⅔
- 青じそ……………2枚

作り方 ⏱10分 浸す時間は除く

1. 鍋にだし汁、みりん、しょうがを入れて中火にかけ、ひと煮立ちさせ、火を止めてから、しらす干しとしょうゆを加える。
2. オクラは塩もみしてから水で洗って、うぶ毛を取り、ガクとヘタを包丁で取り除く。
3. 塩を加えた熱湯で2を3〜4分ゆでてザルにあげ、1に加えて1時間ほど浸す。
4. 器に盛り、せん切りにした青じそをのせる。

オクラともずくの酢の物
食欲がないときにもおすすめ

50 kcal

材料【1人分】
- オクラ……………100g
- もずく酢…………1パック
- みょうが…………1個
- しょうゆ…………小さじ⅔

作り方 ⏱10分 浸す時間は除く

1. オクラは塩もみしてから水で洗って、うぶ毛を取り、ガクとヘタを包丁で取り除く。塩を加えた熱湯で3〜4分ゆで、ザルにあげる。みょうがは半分に切る。
2. ボウルにもずく酢、しょうゆ、1を加えて15分ほど浸す。

memo
ねばねばコンビが、免疫力をUPさせ、生活習慣病を予防します。

オクラの天ぷら
さくっとした軽い食感

264 kcal

材料【1人分】
- オクラ……………100g
- 片栗粉……………小さじ2
- ●天ぷらの衣
- A ┌ 卵…………⅕個
-   │ 冷水………大さじ1⅓
-   └ 小麦粉……大さじ1⅓
- 揚げ油……………適量

作り方 ⏱10分

1. オクラは塩もみしてから水で洗って、うぶ毛を取り、ガクとヘタを包丁で取り除き、片栗粉をまぶしておく。
2. Aをボウルに合わせて天ぷらの衣を作り、1をくぐらせ、170℃に熱した揚げ油で2分ほど揚げる。

memo
天つゆの他、塩や大根おろしをつけて食べても。ごはんやそばに添えるのも◎。少量の天ぷらなら、天ぷら粉を使っても。

かぼちゃ

ヤサイハゴサラ　緑黄色野菜

かぼちゃのサラダ
ヨーグルトを使ってさっぱりヘルシーに

210 kcal　⏱ 15分

材料【1人分】
- かぼちゃ……………………100g
- 玉ねぎ（薄切り）……………⅙個分
- レーズン………………………8粒
- プレーンヨーグルト………大さじ½
- マヨネーズ…………………大さじ1
- 塩・こしょう……………………少々

作り方
1. かぼちゃはひと口大に切り、塩を加えた熱湯で10分ほどゆでる。
2. ボウルにマヨネーズとプレーンヨーグルトを混ぜ、1とレーズン、水にさらした玉ねぎを加え混ぜ、塩、こしょうをふる。

memo
かぼちゃの皮のところどころをまだらにむくと、火の通りがよくなります。

かぼちゃの煮物
砂糖を使わないから、甘すぎない味

160 kcal　⏱ 20分

材料【1人分】
- かぼちゃ……………………100g
- だし汁………………………大さじ2
- みりん………………………大さじ1½
- 薄口しょうゆ………………小さじ⅔

作り方
1. 鍋に食べやすい大きさに切ったかぼちゃ、調味料をすべて入れ、落とし蓋をし、弱火で15〜20分煮る。

memo
火の入れすぎは、煮崩れの原因。かぼちゃの皮を下にすると煮崩れが防げます。

かぼちゃの韓国風揚げ浸し
コチュジャンを加えて簡単韓国風メニュー

153 kcal　⏱ 15分

材料【1人分】
- かぼちゃ……………………100g
- ●タレ
  - A ┌ 鶏がらスープ…………50ml
  -   │ しょうゆ……………小さじ⅔
  -   │ 白すりごま…………大さじ1
  -   └ コチュジャン………小さじ1
- 揚げ油…………………………適量

作り方
1. ボウルにAを入れ、混ぜ合わせてタレを作る。
2. かぼちゃは7mm幅に切る。
3. 170℃に熱した揚げ油で2を揚げ、1に入れて10分ほど浸す。

memo
かぼちゃの他に、なすやピーマンの素揚げをタレに浸しても◎。

小松菜

緑黄色野菜 / ヤサイハゴサラ

小松菜の炒め物
片栗粉でとろみをつけるのがポイント

材料 〔1人分〕
- 小松菜……………………100g
- 長ねぎ……………………10g
- しょうが……………………5g
- 鶏がらスープの素………小さじ¼
- 酒……………………………大さじ½
- 水溶き片栗粉
  　…片栗粉小さじ1＋水小さじ2
- ごま油……………………小さじ2

作り方 ⏱10分

1. 小松菜は洗って水けをきり、5cm長さに切る。長ねぎ、しょうがはみじん切りにする。
2. フライパンにごま油を中火で熱し、しょうが、長ねぎを炒め、香りが出たら小松菜を加えて炒める。しんなりしたら鶏がらスープの素、酒を加えさっと炒める。
3. 水溶き片栗粉を加えてとろみをつけ、器に盛る。

※ 水分が出るので、少量の片栗粉でまとめます。

104 kcal

小松菜のナムル
ゆでてあえるだけの簡単小鉢

材料 〔1人分〕
- 小松菜……………………100g
- ●タレ
- A
  - 長ねぎ（みじん切り）……10g
  - ごま油……………………大さじ1
  - にんにく（すりおろし）小さじ¼
  - 塩……………………………小さじ⅛
  - 白すりごま………………大さじ½

作り方 ⏱10分

1. 小松菜は塩を加えた熱湯で1分ほどゆでて水けをきり、5cm長さに切る。
2. ボウルにAを入れてよく混ぜ、1を加えてあえる。

memo
小松菜以外に、ほうれん草や春菊を使ってもおいしい。

155 kcal

小松菜のピーナッツソースあえ
ピーナッツの風味と食感が美味！

材料 〔1人分〕
- 小松菜……………………100g
- ピーナッツクリーム（粒入り・加糖）
  　…………………………小さじ2
- 薄口しょうゆ………………大さじ⅓
- 湯……………………………大さじ1〜2

作り方 ⏱10分

1. 小松菜は塩を加えた熱湯で1分ほどゆでて水けをきり、5cm長さに切る。
2. ボウルにピーナッツクリーム、しょうゆを混ぜ合わせ、湯でのばして、1を加えてあえる。

memo
茎がしんなりしてきたら葉の部分もゆでると同じくらいのかたさにゆであがります。

96 kcal

絹さや＆さやいんげん

ヤサイハゴサラ／緑黄色野菜

絹さやのガーリック炒め

ガーリックとベーコンで食欲増進！

137 kcal

材料【1人分】
- 絹さや……………………100g
- ベーコン…………………1枚
- にんにく（薄切り）……½かけ分
- 塩…………………………小さじ⅛
- こしょう…………………少々
- オリーブオイル…………小さじ1

作り方 ⏱10分

1. 絹さやは筋を取る。ベーコンは1cm幅に切る。
2. フライパンにオリーブオイルを中火で熱し、にんにくとベーコン、絹さやの順に炒め、塩、こしょうで味をととのえる。

memo
ほうれん草や小松菜などの青菜、ブロッコリーもおすすめ。

いんげんのごまあえ

しっかり水けをきるのがポイント

219 kcal

材料【1人分】
- さやいんげん……………100g
- ●ごまあえの素
- A ┌ 白練りごま……………大さじ1
-   │ 白すりごま……………大さじ1
-   │ 砂糖……………………大さじ1
-   └ 薄口しょうゆ…………大さじ⅓

作り方 ⏱7分

1. さやいんげんは筋を取り、塩を加えた熱湯で1分～1分30秒ほど色よくゆでて冷水にとり、水けをきって5cm長さに切る。
2. ボウルにAを合わせてよく混ぜ、1を加えてよくあえる。

memo
アクが少ないさやいんげんは、湯を少なめにして蒸しゆでにしてもOK。

いんげんの揚げ浸し

いんげんの緑が鮮やか！冷やしてもおいしい

83 kcal

材料【1人分】
- さやいんげん……………100g
- A ┌ だし汁………100～150㎖
-   │ みりん…………………小さじ1
-   │ 赤唐辛子（輪切り）……少々
-   └ しょうが（せん切り）…大さじ⅔
- 薄口しょうゆ……………小さじ1
- 揚げ油……………………適量

作り方 ⏱15分

1. さやいんげんは筋を取る。鍋にAを合わせて中火にかけてひと煮立ちさせ、火を止め、しょうゆを加えてバットに移す。
2. 170℃に熱した揚げ油でさやいんげんを素揚げし、1のバットに10分ほど浸す。

memo
いんげんの筋は、ヘタを折りそのまま筋を引くと簡単に取れます。

春菊

緑黄色野菜 / **ヤサイハゴサラ**

りんごのシャキシャキ感がアクセント
春菊のサラダ

130 kcal

材料【1人分】
- 春菊……………100g
- りんご…………¼個
- 長ねぎ…………⅛本
- ●ドレッシング
- A
  - しょうゆ………大さじ⅓
  - レモン汁………大さじ1
  - オリーブオイル…大さじ½
  - こしょう………少々
- 白炒りごま……………少々

作り方 🕐 5分

1. 春菊は洗って水けをきり、5cm長さに切る。りんごは皮をむき、種を除いて薄切りにし、長ねぎは斜めに薄切りにする。
2. 1をボウルに入れて混ぜ、混ぜ合わせたAのドレッシングを加えてあえ、ごまをふる。

memo シンプルなドレッシングで生の春菊の風味を楽しんで。

シャキシャキと香るみょうがが味のアクセント
春菊とみょうがのお浸し

58 kcal

材料【1人分】
- 春菊……………100g
- みょうが………1個
- だし汁…………100ml
- みりん…………大さじ½
- 薄口しょうゆ……小さじ1

作り方 🕐 15分

1. 春菊は塩を加えた熱湯で30秒ほどゆで、水けをきって5cm長さに切る。
2. 鍋にだし汁、みりんを入れて中火にかけ、ひと煮立ちさせたら、火を止め、しょうゆを加える。
3. 2に1とせん切りにしたみょうがを入れ、10分ほど浸す。

memo 葉にはすぐ火が通るので、茎からゆでるのがコツ。

豆腐をしっかり水きりするのがポイント！
春菊の白あえ

239 kcal

材料【1人分】
- 春菊……………100g
- にんじん………10g
- ●白あえ衣
- A
  - 豆腐（水きり）……50g
  - だし汁…………大さじ1
  - 白すりごま……大さじ2
  - 白練りごま……大さじ½
  - 薄口しょうゆ…大さじ½
  - 砂糖……………小さじ1

作り方 🕐 20分

1. 春菊は塩を加えた熱湯でゆで、水けをきって3cm長さに切る。にんじんはせん切りし、さっとゆでる。
2. すり鉢にAを入れて、よくすり混ぜ、1を加えてあえる。

memo 食べる直前にあえると水っぽくならない！

チンゲン菜

ヤサイハゴサラ / 緑黄色野菜

237 kcal

とろっとしたクリームあんがポイント
チンゲン菜のクリームあんかけ

材料【1人分】

チンゲン菜	100g
ハム	1枚
長ねぎ(みじん切り)	大さじ2
しょうが(すりおろし)	小さじ½
生クリーム	大さじ2
鶏がらスープ	100ml
酒	大さじ1
塩	小さじ⅛
こしょう	少々
水溶き片栗粉 片栗粉大さじ1＋水小さじ2	

作り方 🕐 15分

1. チンゲン菜は3cm幅にそぎ切り、ハムは5mm角に切る。
2. フライパンに鶏がらスープ、酒を温め、1のチンゲン菜を入れて火を通し、長ねぎ、しょうが、ハム、生クリームを加え温める。
3. 塩、こしょうで味をととのえ、水溶き片栗粉でとろみをつける。

---

140 kcal

マスタードの風味が決め手
チンゲン菜とツナのサラダ

材料【1人分】

チンゲン菜	100g
ツナ缶	30g
玉ねぎ	⅛個
●ドレッシング	
A マヨネーズ	大さじ1
しょうゆ	小さじ⅔
粒マスタード	小さじ1
こしょう	少々

作り方 🕐 10分

1. チンゲン菜は塩を加えた熱湯で1分ほどゆで、水けをきって1cm幅の細切りにする。玉ねぎは薄切りにして、水にさらし、水けをきっておく。
2. ボウルにAを合わせて混ぜ、1、汁けをきったツナを加えよく混ぜる。

memo
水けをよくきってからあえると調味料がよくからみます。

---

121 kcal

みずみずしいチンゲン菜を味わって
チンゲン菜と油揚げのさっと煮

材料【1人分】

チンゲン菜	100g
油揚げ	½枚
だし汁	150ml
みりん	大さじ½
薄口しょうゆ	大さじ½

作り方 🕐 15分

1. 鍋にだし汁、みりんを入れて中火にかけ、縦4つに切ったチンゲン菜、4等分に切った油揚げをさっと煮る。
2. しょうゆを加え、火を止める。

memo
シャキッとした歯ごたえを残すために短時間で煮て。

トマト

緑黄色野菜 / ヤサイハゴサラ

キンキンに冷やすのがコツ
トマトの浅漬け

材料【1人分】

トマト	100g
●浅漬けの素	
A しょうが（せん切り）	2枚
A だし汁	100mℓ
A 酢	大さじ½
A 塩	小さじ⅛
A 薄口しょうゆ	小さじ⅔

作り方　⏱5分（漬ける時間は除く）

1. トマトはざく切りにする。
2. 保存袋にAを入れ、1を加え、30分ほど冷蔵庫で漬ける。

memo
白菜、きゅうり、なす、大根などを使っても◎。いろいろな野菜で楽しめます。

34 kcal

片栗粉で水っぽさを解消！
トマトと卵の中華炒め

材料【1人分】

トマト	100g
卵	1個
水溶き片栗粉	片栗粉小さじ1＋水小さじ2
塩	小さじ⅙
こしょう	少々
ごま油	大さじ½

作り方　⏱10分

1. フライパンに半量のごま油を中火で熱し、溶き卵を流し入れてふわっと炒め、一度皿に取り出す。
2. 1のフライパンに残りのごま油を中火で熱し、トマトを炒め、塩、こしょうで味をととのえ、水溶き片栗粉でとろみをつけ、卵を戻す。

160 kcal

とっても簡単！かつお節がよく合う
トマトと玉ねぎのサラダ

材料【1人分】

トマト	100g
玉ねぎ	1/10個
かつお節	大さじ2
ノンオイル和風ドレッシング（市販）	大さじ1

作り方　⏱5分

1. トマトは角切り、玉ねぎはみじん切りにする。
2. 1をドレッシングであえ、かつお節をかける。

memo
食べる直前まで冷蔵庫に入れておき、キリッと冷やすとおいしい。

54 kcal

にら

ヤサイハゴサラ / 緑黄色野菜

にらのお浸し
にらの風味を十分に楽しめる

38 kcal

材料【1人分】
- にら……………………100g
- だし汁…………………大さじ1
- 薄口しょうゆ…………大さじ½
- 白炒りごま……………少々

作り方 ⏱5分
1. にらは塩を加えた熱湯で10秒ほどゆでて冷水にとる。水けをきったら5cm長さに切り、器に盛る。
2. だし汁としょうゆを混ぜ合わせて1にかけ、ごまをふる。

memo
ゆであがったにらをすぐに冷水にとると、鮮やかな緑色が残ります。

にら玉
炒めるだけで簡単！元気が出るメニュー

258 kcal

材料【1人分】
- にら……………………100g
- 卵………………………1個
- 鶏がらスープの素……小さじ¼
- みりん…………………大さじ1
- 薄口しょうゆ…………大さじ⅓
- こしょう………………少々
- ごま油…………………大さじ1

作り方 ⏱10分
1. にらは5cm長さに切る。
2. フライパンに半量のごま油を中火で熱し、溶き卵を流し入れてふわっと炒め、一度皿に取り出す。
3. フライパンに残りのごま油を熱し、1を炒め、鶏がらスープの素、みりんを加えてさらに炒める。しょうゆとこしょうで味をととのえ、2をもどし入れて火を止める。

にらともやしの中華風サラダ
ごまの香りが香ばしい

104 kcal

材料【1人分】
- にら……………………100g
- もやし…………………¼袋
- ●ドレッシング
- A
  - しょうゆ……………小さじ⅓
  - 酢……………………小さじ1
  - 塩……………………小さじ⅛
  - こしょう……………少々
  - 白炒りごま…………少々
  - ごま油………………大さじ½

作り方 ⏱10分
1. にらは5cm長さに切り、もやしはひげ根を取る。
2. 1は塩を加えた熱湯で10秒ほどゆでて、水けをきっておく。
3. ボウルにA、2を加えて混ぜ合わせる。

memo
短時間でゆでて、もやしの歯ごたえを残して。にらの代わりに春菊でも合います。

にんじん

緑黄色野菜 / ヤサイハゴサラ

にんじんのサラダ
レーズンがほんのり甘い、さっぱりサラダ

材料【1人分】
- にんじん……………100g
- レーズン……………12粒
- 塩……………小さじ⅛
- こしょう……………少々
- レモン汁……………大さじ1½
- オリーブオイル……大さじ½

作り方 ⏱5分
1. にんじんはせん切りにする。
2. ボウルに1とその他の材料をすべて入れ、混ぜ合わせる。

memo
シャキシャキとした食感にするには、にんじんの繊維に沿って切るのがポイント。

135 kcal

にんじんのグラッセ
素材の味を楽しむならこれ！

材料【1人分】
- にんじん……………100g
- コンソメスープ……150mℓ
- こしょう……………少々
- バター………………大さじ½

作り方 ⏱20分
1. にんじんは1cm幅の輪切りにし、面取りをする。
2. 鍋にコンソメスープを入れて中火にかけ、ひと煮立ちさせたら、1を入れて10〜15分ほど煮、最後は強火で煮詰める。
3. フライパンにバターを中火で熱し、汁けをきった2を炒め、こしょうをふる。

memo
面取りとは、切った野菜の角を薄く削ぎ落とすこと。煮崩れを防いでくれます。

84 kcal

にんじんのかき揚げ
揚げ物にして、カロテンの吸収率がグーンとUP

材料【1人分】
- にんじん……………100g
- 三つ葉………………1株
- ●天ぷらの衣
  - A ┌ 卵……………⅙個
  -   │ 冷水…………大さじ1⅓
  -   └ 小麦粉………大さじ1⅓
- 揚げ油………………適量

作り方 ⏱10分
1. にんじんはせん切りにする。三つ葉は3cm長さに切る。
2. Aをボウルに合わせて天ぷらの衣を作り、1を加え2等分にし、170℃に熱した揚げ油で揚げる。

memo
衣に冷水を使うことと、材料に衣が絡まる程度に軽く混ぜることで、さっくりとした仕上がりになります。

311 kcal

ピーマン

ヤサイハゴサラ / 緑黄色野菜

135 kcal

じゃこを加えてカルシウム補給に
ピーマンとじゃこの炒め物

材料 {1人分}

- ピーマン……………………100g
- ちりめんじゃこ……………20g
- 赤唐辛子（輪切り）………少々
- 酒……………………………大さじ1
- 塩……………………………小さじ1/8
- ごま油………………………大さじ1/2

作り方 ⏱5分

1. ピーマンは種とワタを取り除き、7mm幅の輪切りにする。
2. フライパンにごま油を中火で熱し、1とちりめんじゃこ、赤唐辛子を炒め、塩、酒を加えて1分ほど炒める。

memo
炒めてすぐにお皿に移すと、香りも色もよい状態が残ります。

---

26 kcal

たくさん作って常備菜にしても◎
ピーマンのゆかりあえ

材料 {1人分}

- ピーマン……………………100g
- ゆかり………………………大さじ1/2

作り方 ⏱5分
おく時間は除く

1. ピーマンは種とワタを取り除き、5mm幅の輪切りにし、ゆかりであえる。
2. そのまま冷蔵庫に30分以上おく。

memo
種とワタはスプーンを使って取り出し、中を水洗いするときれいに取れます。

---

82 kcal

ガーリックしょうゆが後引くおいしさ
揚げピーマンのガーリックしょうゆ

材料 {1人分}

- ピーマン……………………100g
- にんにく（薄切り）………1/2かけ分
- しょうゆ……………………小さじ2/3
- 鶏がらスープ………………100ml
- 赤唐辛子（輪切り）………少々
- 揚げ油………………………適量

作り方 ⏱10分

1. ボウルににんにく、しょうゆ、鶏がらスープ、赤唐辛子を入れる。
2. ピーマンは種とワタを取り除いて縦8つ切りにし、170℃に熱した揚げ油で素揚げする。
3. 熱いうちに1に入れて浸す。

memo
素揚げ後、熱いうちに浸すことで味がよくしみます。

パプリカ

緑黄色野菜 / ヤサイハゴサラ

レモンの絞り汁でさっぱり♪
パプリカとツナのサラダ

88 kcal

材料【1人分】
- パプリカ(黄)……………100g
- ツナ缶………………………60g
- 玉ねぎ………………………¼個
- ●ドレッシング
  - A
    - レモン汁……………大さじ1
    - 塩……………………小さじ⅙
    - こしょう……………少々

作り方 🕐5分

1. パプリカは種とワタを取り除いて薄切りにし、玉ねぎも薄切りにする。
2. ボウルに1、汁けをきったツナ、Aを加えて混ぜる。

memo
赤パプリカをプラスすれば、彩りがきれいになり、食欲UPにつながります。

肉厚でジューシーなパプリカを楽しめる
パプリカの揚げ浸し

87 kcal

材料【1人分】
- パプリカ(赤・黄)………100g
- A
  - だし汁…………100〜150ml
  - みりん………………小さじ1
  - しょうが(すりおろし)……………………大さじ½
- 薄口しょうゆ………………小さじ1
- 揚げ油………………………適量

作り方 🕐10分

1. 鍋にAを入れて中火にかけ、ひと煮立ちさせたら、火を止めしょうゆを加える。
2. パプリカは種とワタを取り除き、縦8つに切り、170℃に熱した揚げ油で素揚げし、熱いうちに1に入れて浸す。

memo
肉厚なパプリカを使いましょう。食べごたえが増し、満足感が得られます。

火を使わずに簡単！彩りもきれい
パプリカのピクルス

57 kcal

材料【1人分】
- パプリカ(赤・黄)………100g
- 赤唐辛子(輪切り)………¼本分
- ピクルス液(市販)………100ml

作り方 🕐5分 漬ける時間は除く

1. パプリカは1cmの細切りにし、赤唐辛子を入れたピクルス液に漬け、冷蔵庫で1時間以上冷やす。

memo
ワタを丁寧に削ぎ取ると、口当たりがよく、見た目もきれいに仕上がります。

ブロッコリー

ヤサイハゴサラ / 緑黄色野菜

ブロッコリーのチーズ焼き

お弁当にもピッタリ！人気のメニュー

235 kcal ／ 15分

材料【1人分】
- ブロッコリー……………100g
- ピザ用チーズ……………大さじ2
- マヨネーズ………………大さじ1
- パン粉……………………小さじ1

作り方
1. ブロッコリーは小房に分け、塩を加えた熱湯で1分ほどゆで、ザルにあげて水けをきっておく。
2. 耐熱皿に1をのせ、マヨネーズ、チーズ、パン粉の順にふりかける。
3. 180℃に予熱したオーブンに2を入れて10分焼く。

memo
ブロッコリー以外に、カリフラワーやきのこを使ってもOK！

ブロッコリーのナムル

ブロッコリーをモリモリ食べられる

72 kcal ／ 10分

材料【1人分】
- ブロッコリー……………100g
- A ┌ 長ねぎ（みじん切り）…大さじ1
    ├ 塩…………………………小さじ⅙
    └ ごま油……………………小さじ1

作り方
1. ブロッコリーは小房に分け、塩を加えた熱湯で1分ほどゆで、ザルにあげて水けをきっておく。
2. ボウルにAを入れてよく混ぜ、1を加えてあえる。

memo
房が大きい場合は、半分に切り分けて大きさを揃えれば、ゆでムラを防止できます。

ブロッコリーとえびのサラダ

マヨネーズとマスタードがよく合う

179 kcal ／ 10分

材料【1人分】
- ブロッコリー……………100g
- えび………………………5尾
- ●ドレッシング
- A ┌ マヨネーズ………………大さじ1
    ├ 粒マスタード……………小さじ1
    └ しょうゆ…………………大さじ⅓

作り方
1. ブロッコリーは小房に分け、えびは殻と背ワタを取り、塩を加えた熱湯で1分ほどゆで、ザルにあげて水けをきっておく。
2. ボウルにAを入れて混ぜ、1を加えてあえる。

memo
味がよくなじむように、ゆでたブロッコリーはしっかり水をきってから混ぜましょう。

ほうれん草

緑黄色野菜 / ヤサイハゴサラ

水にさらしてアクを抜くのがポイント
ほうれん草のお浸し

38 kcal / 10分

材料【1人分】
- ほうれん草……………100g
- かつお節………………大さじ1
- めんつゆ(市販)………大さじ1

作り方
1. ほうれん草はたっぷりの熱湯で1分ほどゆでて水にさらしてアク抜きをし、水けを絞る。
2. 1を5cm長さに切り、めんつゆをかけ、かつお節をのせる。

memo
かつお節の代わりに、もみのりやごまをトッピングしてもおいしくいただけます。

ベーコンの旨味とにんにくの風味が絶妙
ほうれん草とベーコンのソテー

185 kcal / 10分

材料【1人分】
- ほうれん草……………100g
- ベーコン…………………1枚
- にんにく………………1/2かけ
- 塩………………………小さじ1/8
- こしょう…………………少々
- バター…………………大さじ1

作り方
1. ほうれん草はたっぷりの熱湯で1分ほどゆでて水にさらしてアク抜きをし、水けを絞って5cm長さに切る。
2. ベーコン、にんにくは細切りにする。
3. フライパンにバターを中火で熱し、2を炒め、1を加えてさらに1分ほど炒める。塩、こしょうで味をととのえる。

しっかりと水けを絞ってあえるだけ♪
ほうれん草のごまあえ

165 kcal / 10分

材料【1人分】
- ほうれん草……………100g
- ●ごまあえの素
- A
  - 黒すりごま……………大さじ2
  - しょうゆ………………大さじ1/3
  - 砂糖……………………大さじ1
  - だし汁…………………大さじ1

作り方
1. ほうれん草はたっぷりの熱湯で1分ほどゆでて水にさらしてアク抜きをし、水けを絞って5cm長さに切る。
2. ボウルにAを入れてよく混ぜ、1を加えてあえる。

memo
両手で握るように押し絞ると、繊維を壊さずに水をきることができます。

水菜

ヤサイハゴサラ / 緑黄色野菜

水菜の煮浸し

31 kcal

さっぱりした水菜にしょうががアクセント

材料【1人分】
- 水菜……………………100g
- しょうが（せん切り）……大さじ½
- だし汁……………………100ml
- 薄口しょうゆ……………大さじ⅓

作り方 ⏱10分

1. 水菜をさっとゆで、ザルにあげて水けをきり、5cm長さに切る。
2. 鍋にだし汁としょうがを入れて中火にかけ、ひと煮立ちさせたら火を止め、しょうゆを加え、1を5分ほど浸す。

memo
水菜のシャキシャキとした食感がなくならないようにさっとゆでましょう。

水菜とスモークサーモンの生春巻き

187 kcal

パーティーにも◎。食卓が華やかになる1品

材料【1人分】
- 水菜……………………100g
- スモークサーモン………3枚
- 生春巻きの皮……………3枚
- スウィートチリソース……大さじ1

作り方 ⏱15分

1. 水菜はざく切りにする。
2. 生春巻きの皮1枚を水に浸してもどし、スモークサーモンを1枚敷いて3等分にした水菜をのせ春巻きの要領で巻く（これを3個作り、斜め半分に切る）。
3. 器に盛り、別の器に用意したスウィートチリソースにつけていただく。

memo
スモークサーモンの他、えびやアボカドもよく合います。いろいろなバリエーションを楽しんで。

水菜と油揚げのサラダ

63 kcal

炒った油揚げが香ばしい

材料【1人分】
- 水菜……………………100g
- 油揚げ……………………½枚
- ノンオイル和風ドレッシング（市販）……………………大さじ1

作り方 ⏱5分

1. 水菜はよく洗って水けをきり、5cm長さに切る。油揚げは細切りにし、フライパンでから炒りする。
2. 1をボウルに入れてよく混ぜ、ドレッシングを加えてあえる。

memo
水菜を洗ったら水けをよくふき取って。ドレッシングはお好みで選んでも◎。

かぶ

淡色野菜 / ヤサイハゴサラ

かぶの甘酢漬け
箸休めにおすすめ。ほっとする副菜

62 kcal / 5分（漬ける時間は除く）

材料【1人分】
- かぶ……100g
- 砂糖……大さじ1
- 酢……大さじ2
- 塩……小さじ1/4
- 赤唐辛子（輪切り）……少々

作り方
1. かぶは皮をむき薄切りにする。
2. 保存袋に砂糖、酢、塩、赤唐辛子を入れよく混ぜ、1を加えて冷蔵庫で1時間以上漬ける。

memo 大きいものは縦半分に切ってから薄切りにしてもOK！

かぶの中華風煮浸し
やわらかくてやさしい味わい

39 kcal / 15分

材料【1人分】
- かぶ……100g
- しょうが（薄切り）……1枚
- 水……200㎖
- 鶏がらスープの素……小さじ1
- 酒……大さじ1
- 塩……小さじ1/6

作り方
1. かぶは皮をむき縦半分に切る。
2. 鍋にしょうが、水、鶏がらスープの素、酒、塩、1を加えて弱中火にかけ、5分ほど煮る。

memo 皮は下から茎のところまで包丁で縦にむくと見た目もきれいになります。

かぶとベーコンのロースト
カリカリベーコンの旨味がたっぷり

200 kcal / 5分

材料【1人分】
- かぶ……100g
- ベーコン……2枚
- にんにく……1/2かけ
- 塩……小さじ1/6
- こしょう……少々
- オリーブオイル……大さじ1/2

作り方
1. かぶは皮をむいて縦8つ切りにする。ベーコンは2cm幅に切り、にんにくは薄切りにする。
2. フライパンにオリーブオイルを中火で熱し、1のにんにく、ベーコンを炒め、香りが出てきたらかぶを加えてさらに炒める。
3. 塩、こしょうで味をととのえる。

ヤサイハゴサラ　淡色野菜
カリフラワー

168 kcal

ふんわりピンクがかわいい
カリフラワーのたらこサラダ

材料【1人分】

カリフラワー	100g
たらこ	大さじ2
パセリ（みじん切り）	少々
マヨネーズ	大さじ1
こしょう	少々

作り方　⏱15分

1. カリフラワーは小房に分け、塩を加えた熱湯で1分30秒ゆで、ザルにあげて水けをきる。
2. ボウルにたらこ、マヨネーズを入れてよく混ぜ、1、こしょうを加えてあえ、パセリを散らす。

memo
ゆでたら水につけずにすぐにザルにあげて粗熱を取るのがポイント。

---

56 kcal

ビタミンCが豊富で美肌にも効果的♪
カリフラワーのピクルス

材料【1人分】

カリフラワー	100g
ピクルス液（市販）	100mℓ
赤唐辛子	½個
粗びき黒こしょう	少々

作り方　⏱5分　漬ける時間は除く

1. カリフラワーは小房に分けてよく洗い、ザルにあげて水けをきる。
2. 保存容器にピクルス液、赤唐辛子、1を入れ、冷蔵庫で半日ほど漬け、粗びき黒こしょうをかける。

memo
保存容器は熱湯消毒を忘れずに。パプリカやセロリなどと一緒に漬けても。

---

47 kcal

とろっとしたあんかけがほっとする
カリフラワーかき玉あんかけ

材料【1人分】

カリフラワー	100g
しょうが（みじん切り）	大さじ½
万能ねぎ（小口切り）	1本分
水	200～300mℓ
鶏がらスープの素	小さじ1
卵白	⅓個分
水溶き片栗粉	片栗粉小さじ1+水小さじ2
塩	小さじ⅙
こしょう	少々

作り方　⏱15分

1. カリフラワーは小房に分ける。
2. 鍋に水と鶏がらスープの素を入れて中火にかける。ひと煮立ちさせて1を入れて1分30秒ほどゆで、カリフラワーを取り出す。
3. 2にしょうが、塩、こしょうを加えて味をととのえ、水溶き片栗粉でとろみを加え、卵白を回し入れる。
4. カリフラワーに3をかけ、万能ねぎを散らす。

キャベツ

淡色野菜 / ヤサイハゴサラ

キャベツとアンチョビの炒め物
アンチョビとにんにくの旨味でやみつきに！

92 kcal

材料 〔1人分〕
- キャベツ……………100g
- アンチョビ……………1枚
- にんにく……………½かけ
- オリーブオイル………大さじ½

作り方 ⏱5分
1. キャベツは食べやすい大きさに切り、にんにくは薄切り、アンチョビは4等分に切る。
2. フライパンにオリーブオイル、にんにく、アンチョビを入れて中火でじっくりと炒める。
3. キャベツを2に加え、さらに1分ほど炒める。

蒸しキャベツのごまダレがけ
蒸したキャベツは甘味も倍増

77 kcal

材料 〔1人分〕
- キャベツ……………100g
- ごまダレ（市販）………大さじ2

作り方 ⏱15分
1. キャベツは蒸気の上がった蒸し器に入れて中火で10分ほど蒸して器に盛る。
2. 1にごまダレをかけていただく。

memo
野菜を蒸すと、本来の甘味を存分に楽しめます。にんじんやかぶ、玉ねぎなどを蒸しても。

コールスローサラダ
洋風サラダの定番メニュー

94 kcal

材料 〔1人分〕
- キャベツ（せん切り）………100g
- にんじん（せん切り）…………5g
- ホールコーン……………大さじ1
- フレンチドレッシング（市販）…大さじ1
- こしょう……………少々

作り方 ⏱10分
1. ボウルにキャベツ、にんじん、ホールコーン、フレンチドレッシングを入れ、よく混ぜる。
2. こしょうで味をととのえる。

memo
せん切りにしたキャベツを1～2分ほど氷水にさらすとシャキシャキの食感に。

きゅうり

淡色野菜 / ヤサイハゴサラ

30 kcal

揚げ物やコッテリおかずと相性◎
きゅうりとわかめの酢の物

⏱ 10分

材料【1人分】

きゅうり	100g
塩蔵わかめ	20g
しょうが(せん切り)	大さじ½
●三杯酢	
A　だし汁	大さじ1
酢	大さじ½
薄口しょうゆ	大さじ½
砂糖	小さじ½

作り方

1. きゅうりは薄い輪切りにし、塩蔵わかめは水でもどして2cm幅に切る。
2. ボウルにAを入れて混ぜ合わせ、1、しょうがを加えてあえる。

memo
三杯酢は酢の物全般によく合うので、作りおきしておくと便利。

---

60 kcal

煮きり酒でまろやかな風味に
きゅうりの梅おかか

⏱ 10分

材料【1人分】

きゅうり	100g
練り梅	小さじ1
かつお節	大さじ2
煮きり酒	大さじ1

作り方

1. きゅうりは軽く塩もみし、麺棒などでたたいて4等分に切る。
2. ボウルに練り梅、煮きり酒、かつお節を入れよく混ぜ1を加え、さらに混ぜる。

memo
たたいて切ることで、味がよくしみます。鶏ささ身を加えても美味。

---

36 kcal

付け合わせの1品に！カレーなどに添えて
きゅうりのヨーグルトサラダ

⏱ 5分

材料【1人分】

きゅうり	100g
●ドレッシング	
A　プレーンヨーグルト	大さじ1
ノンオイルマヨネーズ	大さじ1
レモン汁	小さじ1
塩	小さじ⅛
こしょう	少々

作り方

1. きゅうりはスライサーで縦に薄くスライスする。
2. ボウルにAを入れてよく混ぜ、ドレッシングを作る。
3. 2に1を加えてあえる。

memo
水っぽくなってしまうので、食べる直前にあえましょう。

ごぼう

淡色野菜 / ヤサイハゴサラ

ごぼうのきんぴら
ごぼうの定番おかずといったらコレ

171 kcal ・ **15分**

材料【1人分】
- ごぼう……100g
- 白炒りごま……小さじ1
- 赤唐辛子（輪切り）……少々
- 砂糖……小さじ1
- 酒……大さじ½
- しょうゆ……大さじ½
- ごま油……大さじ½

作り方
1. ごぼうは皮をこそげ取り、5cm長さに切って、せん切りにする。水に浸して、ザルにあげて水けをきる。
2. フライパンにごま油と赤唐辛子を中火で熱し、1を入れて炒める。砂糖、酒、しょうゆの順に入れ、水分を飛ばすように5分ほど炒める。
3. 器に盛り、白炒りごまを散らす。

ごぼうのサラダ
なるべく細めのせん切りがベスト

248 kcal ・ **10分**

材料【1人分】
- ごぼう……100g
- ●ドレッシング
- A マヨネーズ……大さじ1½
- A 白すりごま……大さじ1
- A しょうゆ……小さじ1

作り方
1. ごぼうは皮をこそげ取り、5cm長さに切って、せん切りにする。水に浸して、ザルにあげて水けをきる。
2. 塩を加えた熱湯で1分1をゆで、ザルにあげて水けをきる。
3. ボウルにAを入れてよく混ぜ、2を加えてさらに混ぜる。

memo 切ったごぼうを5〜10分酢水にさらすと、褐変を防げます。

ごぼうのから揚げ
片栗粉をまぶしてカラッと仕上げる

142 kcal ・ **10分**

材料【1人分】
- ごぼう……100g
- 片栗粉……大さじ1
- しょうゆ……大さじ¼
- にんにく（すりおろし）……小さじ½
- 塩……小さじ⅛
- こしょう……少々
- 揚げ油……適量

作り方
1. ごぼうは皮をこそげ取り、麺棒などでたたいて5cm長さに切る。
2. 塩、こしょう、しょうゆ、にんにくでしっかり下味をつけ、片栗粉をまぶし、170℃に熱した揚げ油で3分ほど揚げる。

memo しっかり味つけして揚げているから、そのままでおいしい。

セロリ

ヤサイハゴサラ / 淡色野菜

---

44 kcal

さわやかな香りが食欲をそそる
セロリのピクルス

材料 【1人分】

セロリ	100g
赤唐辛子（輪切り）	1/3本分
ピクルス液（市販）	100ml
粗びき黒こしょう	少々

作り方 🕐 5分　漬ける時間を除く

1. セロリは5cm長さに切り、1cm幅に切る。
2. 保存袋に1、赤唐辛子、ピクルス液を入れ、冷蔵庫で半日漬け、粗びき黒こしょうをかける。

memo
さっぱりとした味なので、濃い味つけの料理や肉料理に組み合わせましょう。

---

60 kcal

ツナの旨味でセロリがたくさん食べられる
セロリとツナのサラダ

材料 【1人分】

セロリ	100g
ツナ缶	60g
レモン汁	大さじ1/2
塩	小さじ1/6
こしょう	少々

作り方 🕐 5分

1. セロリは筋を取って薄く斜めにそぎ切りにする。
2. ボウルに1、ツナを油ごと入れ、レモン汁、塩、こしょうを加えてあえる。

memo
セロリの筋は、茎の方から浅く包丁を入れて手前に引くと取れます。ピーラーを使うとさらに簡単。

113 kcal

にんにくとごま油の風味で食べやすい1品
セロリとじゃこの炒め物

材料 【1人分】

セロリ	100g
ちりめんじゃこ	15g
にんにく	1/2かけ
酒	大さじ1/2
塩	小さじ1/6
粗びき黒こしょう	少々
ごま油	大さじ1/2

作り方 🕐 5分

1. セロリは筋を取って薄く斜めにそぎ切りにする。にんにくは薄切りにする。
2. フライパンにごま油、にんにくを中火で熱し、ちりめんじゃこ、セロリを炒める。
3. 酒を加え、塩、粗びき黒こしょうで味をととのえる。

大根

淡色野菜 / ヤサイハゴサラ

大根のおでん
大根の旨味をシンプルにいただく

94 kcal / 55分（昆布を浸す時間は除く）

材料 {1人分}
- 大根‥‥‥‥‥‥‥100g
- 昆布（3cm×10cm）‥‥2枚
- だし汁‥‥‥‥‥‥250ml
- 酒‥‥‥‥‥‥‥大さじ1
- みりん‥‥‥‥‥大さじ1
- 薄口しょうゆ‥‥‥小さじ1

作り方
1. 大根は2cm厚さの輪切りにして皮をむき、面取りをする。鍋に入れてかぶるぐらいの水を注ぎ、弱火で20分ほどゆでる。
2. だし汁に昆布を浸して20分ほどおき、やわらかくなったら結んでおく。
3. 鍋に1、2、酒、みりん、しょうゆを加え、弱火で大根がやわらかくなるまで30分ほど煮る。

大根と油揚げのサラダ
シャキシャキ大根がみずみずしい

114 kcal / 5分

材料 {1人分}
- 大根‥‥‥‥‥‥‥100g
- 油揚げ‥‥‥‥‥‥½枚
- 和風ドレッシング（市販）‥大さじ1

作り方
1. 大根はせん切りにし、水にさらし、水けをきる。油揚げは5mm幅に切り、フライパンでから炒りする。
2. ボウルに1を入れてよく混ぜて器に盛り、ドレッシングをかける。

memo
せん切りにした大根は、乾燥しやすいので、水に1～2分つけることでシャキッとします。

大根のステーキ
淡白な大根も、食べごたえのある1品に

120 kcal / 45分

材料 {1人分}
- 大根‥‥‥‥‥‥‥100g
- にんにく（薄切り）‥‥½かけ分
- コンソメスープ‥‥‥250ml
- しょうゆ‥‥‥‥‥大さじ⅓
- 粗びき黒こしょう‥‥少々
- バター‥‥‥‥‥‥大さじ1

作り方
1. 大根は2cm厚さの輪切りにして皮をむき、さいの目の隠し包丁を入れる。鍋に入れ、コンソメスープを加えて中火にかけ、ひと煮立ちさせたら弱火にして30分ほどやわらかくなるまで下ゆでし、ザルにあげる。
2. フライパンにバター、にんにくを中火で熱し、1を10分ほど両面焼き、しょうゆ、粗びき黒こしょうで味をととのえる。

玉ねぎ

ヤサイハゴサラ / 淡色野菜

新玉ねぎのサラダ
血液サラサラ！新玉ねぎにはこのメニューで

137 kcal

材料【1人分】
- 新玉ねぎ……………100g
- かつお節……………大さじ1
- 薄口しょうゆ………大さじ1/4
- オリーブオイル……大さじ1/2

作り方　⏱5分
1. 新玉ねぎは皮をむいて薄くスライスし、さっと水にさらし、水けをきる。
2. ボウルに1、その他の材料をすべて入れ、混ぜ合わせる。

memo
生の玉ねぎには血液をサラサラにする成分が含まれます。水にさらすと効果が減ってしまうので、さっとさらすのがポイント。

玉ねぎのオーブン焼き
玉ねぎの甘味が引き出された1品

172 kcal

材料【1人分】
- 玉ねぎ……………100g
- A
  - はちみつ…………大さじ1/2
  - しょうゆ…………大さじ1/3
  - 酢…………………大さじ1/2
  - バター……………大さじ1

作り方　⏱35分
1. 玉ねぎは皮ごと200℃に予熱したオーブンで20〜30分焼く。
2. 小鍋にAを入れて弱火で煮詰め、1にかける。

memo
オーブンは熱を対流させて、じっくり火を通していくものなので、焼きたい温度に予熱するのを忘れずに。

丸ごと玉ねぎのコンソメ煮
やさしいコンソメ風味がおいしい

51 kcal

材料【1人分】
- 玉ねぎ………………100g
- 水……………………400ml
- コンソメスープの素…小さじ2
- ローリエ……………1枚
- 塩……………………小さじ1/8
- 粗びき黒こしょう……少々

作り方　⏱20分
1. 玉ねぎは皮をむいておく。
2. 鍋に1、水、コンソメスープの素、ローリエを入れて中火にかけ、沸騰したら弱火にして、玉ねぎがやわらかくなるまで15分ほど煮る。
3. 塩、粗びき黒こしょうで味をととのえる。

なす

淡色野菜 / ヤサイハゴサラ

なすの煮浸し
だし汁がしみ込んでとろりとやわらか

43 kcal

材料【1人分】
- なす……100g
- みょうが……1個
- だし汁……100〜150㎖
- 薄口しょうゆ……小さじ1
- みりん……小さじ1
- 赤唐辛子……1本
- 揚げ油……適量

作り方 ⏱10分
1. なすは縦半分に切り、皮目に格子状になるよう切り目を入れる。170℃に熱した揚げ油で素揚げする。
2. 鍋にだし汁、しょうゆ、みりん、赤唐辛子を入れて中火で熱し、1、縦半分に切ったみょうがを加え、1〜2分煮る。

memo 切り目は深すぎると煮崩れの原因。厚みの半分くらいまでに。

なすのナムル
暑い夏にも箸が進む1品

103 kcal

材料【1人分】
- なす……100g
- A
  - 薄口しょうゆ……大さじ¼
  - 砂糖……小さじ1
  - 塩……小さじ⅛
  - にんにく(すりおろし)……小さじ¼
  - 白すりごま……大さじ½
  - ごま油……小さじ1
- 粉赤唐辛子……大さじ⅙

作り方 ⏱10分
1. なすは皮をむき、細切りにし、塩を加えた熱湯で1分ほどゆでる。
2. ボウルにAを入れてよく混ぜ、1を加えてあえ、粉赤唐辛子をかける。

memo よく冷やしてから食べると、なすの甘味がじわっと口に広がります。

蒸しなすのごまあえ
白炒りごまで風味がUP

85 kcal

材料【1人分】
- なす……100g
- ごまダレ(市販)……大さじ2
- 白炒りごま……小さじ½

作り方 ⏱20分
1. なすは皮をむき、蒸気の上がった蒸し器に入れて中強火で15分ほど蒸す。
2. 1を器に盛り、ごまダレをかけ、ごまをかける。

memo なすは、皮を薄く縦にむくと味がなじみやすくなります。ピーラーを使うと簡単。

白菜

淡色野菜 / ヤサイハゴサラ

白菜のクリーム煮

とろとろ白菜の甘味たっぷりメニュー

236 kcal

材料 {1人分}

- 白菜……………………100g
- ベーコン…………………1枚
- しょうが(せん切り)……小さじ½
- 長ねぎ(みじん切り)……大さじ1
- 生クリーム………………大さじ2
- 水…………………………200㎖
- 鶏がらスープの素………小さじ1
- 酒…………………………大さじ1
- 水溶き片栗粉
  ……片栗粉小さじ1+水小さじ2
- 塩…………………………小さじ⅙
- 粗びき黒こしょう…………少々

作り方 ⏱10分

1. 白菜はそぎ切りにし、ベーコンは細切りにする。
2. 鍋に1、水、鶏がらスープの素、しょうが、酒を加えて中火にかけ、3分ほど煮る。
3. 2に生クリーム、長ねぎを加え、塩、粗びき黒こしょうで味をととのえ、水溶き片栗粉でとろみをつける。

白菜の煮浸し

ゆずの香りがさわやかでヘルシー

50 kcal

材料 {1人分}

- 白菜……………………100g
- ゆずの皮…………………少々
- だし汁……………………200㎖
- しょうゆ………………大さじ⅓
- みりん…………………大さじ½

作り方 ⏱10分

1. 鍋に食べやすい大きさに切った白菜とだし汁を入れて中火にかけ、3分ほど煮る。
2. ゆずの皮、しょうゆ、みりんを加えてさらに1分ほど煮る。

memo
白菜を買うときのポイントは、外側の葉が鮮やかな緑色でツヤがあり、ずっしりと重いものが新鮮で良質。

白菜の中華風サラダ

シャキシャキした生の白菜が新鮮!

164 kcal

材料 {1人分}

- 白菜……………………100g
- ちりめんじゃこ……………10g
- にんにく(薄切り)………½かけ分
- 万能ねぎ(小口切り)……2本分
- しょうゆ………………大さじ⅓
- ごま油……………………大さじ1

作り方 ⏱10分

1. 白菜はせん切りにして器に盛る。
2. 小鍋にちりめんじゃこ、にんにく、ごま油を入れて中火で30秒～1分ほど加熱し、火から外す。しょうゆを加えて1にかける。
3. 万能ねぎを散らす。

memo
繊維に沿って切るとシャキッとしてみずみずしい食感になります。

もやし

淡色野菜 / ヤサイハゴサラ

あっという間に作れるナムルの定番
もやしのナムル

52 kcal

材料【1人分】
- もやし……100g
- ●タレ
- A
  - にんにく(すりおろし)……小さじ¼
  - 塩……小さじ⅙
  - すりごま……小さじ1
  - ごま油……小さじ½

作り方 ⏱5分
1. もやしはひげ根を取ってから熱湯でさっとゆで、ザルにあげる。
2. ボウルにAを入れてよく混ぜ、1を加えてあえる。

memo
豆もやしなどを使ってもおいしく仕上がる。ひげ根を取ると口当たりがよくなります。

ひき肉で食べごたえも十分！
もやしとひき肉の炒め物

225 kcal

材料【1人分】
- もやし……100g
- 豚ひき肉……50g
- しょうが(みじん切り)……小さじ½
- 酒……大さじ1½
- オイスターソース……大さじ1
- 塩……小さじ¼
- こしょう……少々
- ごま油……大さじ½

作り方 ⏱10分
1. フライパンにごま油、しょうがを中火で熱し、ひき肉を加えて炒め、肉の色が変わったらもやしを加えて炒める。
2. 酒、オイスターソースを加えてさらに炒め、塩、こしょうで味をととのえる。

memo
炒めすぎるともやしの食感がなくなるので、気をつけましょう。

長ねぎとにんにくがアクセント
もやしのねぎソースサラダ

92 kcal

材料【1人分】
- もやし……100g
- A
  - 長ねぎ(みじん切り)……大さじ1
  - にんにく(すりおろし)……小さじ¼
  - しょうゆ……大さじ⅓
  - 酢……大さじ⅔
  - 砂糖……小さじ½
  - ごま油……大さじ½

作り方 ⏱5分
1. もやしは熱湯でさっとゆで、ザルにあげる。
2. ボウルにAを入れてよく混ぜ、器に盛った1にかける。

memo
もやしは傷みやすいので、鮮度のよい物を選びましょう。ひげ根が白く、表面にハリがあるものを選んで。

レタス

ヤサイハゴサラ / 淡色野菜

だし汁で簡単！じゃこの旨味が絶妙

レタスとじゃこの煮浸し

72 kcal ／ 10分

材料 {1人分}
- レタス……………………100g
- ちりめんじゃこ……………20g
- だし汁……………………100mℓ
- 酒…………………………大さじ1
- しょうゆ…………………小さじ½

作り方
1. レタスは食べやすい大きさに、手でちぎる。
2. 鍋にだし汁、酒、しょうゆを入れて中火にかけ、ちりめんじゃこ、1を加えてさっと煮る。

memo
包丁で切るよりも、手でちぎったほうが口当たりもよく、味もよくなじみます。

使いきれなかったレタスをたっぷり使って

レタスのスープ煮

52 kcal ／ 10分

材料 {1人分}
- レタス……………………100g
- しょうが（せん切り）……大さじ½
- 水…………………………250mℓ
- 鶏がらスープの素………小さじ1½
- 酒…………………………大さじ1
- こしょう…………………少々
- ごま油……………………小さじ½

作り方
1. レタスはざく切りにする。
2. 鍋に水、鶏がらスープの素、しょうが、酒を入れて中火にかけ、ひと煮立ちさせたら1を加えてさっと煮、こしょう、ごま油を加える。

memo
冷蔵庫に残ったレタスを刻んでスープに入れれば、食物繊維が手軽にとれます。

のりの風味でお箸が止まらない1品

レタスとのりのサラダ

133 kcal ／ 5分

材料 {1人分}
- レタス……………………100g
- もみのり…………………大さじ3
- しょうゆ…………………大さじ⅓
- オリーブオイル…………大さじ1

作り方
1. レタスは洗い氷水にさらし、水けをきって、食べやすい大きさに切る。
2. 1にもみのりをかけ、しょうゆとオリーブオイルを回しかける。

memo
シャキシャキとした食感になるので、サラダにするときは氷水にさらしましょう。

れんこん

淡色野菜 / ヤサイハゴサラ

シャキシャキの歯ごたえが楽しめるさっぱりメニュー
れんこんとみょうがの甘酢漬け

111 kcal

材料【1人分】
- れんこん……………100g
- みょうが……………½個
- A
  - 酢……………大さじ2
  - 砂糖…………大さじ1
  - 塩……………小さじ½
  - 赤唐辛子(輪切り)…½本分
  - だし汁………大さじ2

作り方 ⏱5分　漬ける時間は除く

1. れんこんは皮をむいて、短冊切りにする。酢水に浸してアク抜きをし、水けをきる。みょうがは縦半分に切る。
2. 保存袋にA、1を入れ、冷蔵庫で半日漬ける。

山椒の香りが食欲をそそる
れんこん香味揚げ

136 kcal

材料【1人分】
- れんこん……………100g
- 片栗粉………………大さじ1
- 塩……………………小さじ⅙
- 山椒…………………小さじ½
- 揚げ油………………適量

作り方 ⏱5分

1. れんこんは皮をむき、5mm幅の半月切りにし、塩、山椒で下味をつけ、片栗粉をまぶす。
2. 1を170℃に熱した揚げ油で2分ほど揚げる。

memo
食物繊維が豊富で美容と健康に効果があるれんこん。火を通すことで旨味も増します。

シャキシャキの甘辛味でお弁当にも！
れんこんのきんぴら

163 kcal

材料【1人分】
- れんこん……………100g
- 砂糖…………………小さじ1
- 酒……………………大さじ½
- しょうゆ……………大さじ½
- 赤唐辛子(輪切り)……少々
- ごま油………………大さじ½

作り方 ⏱10分

1. れんこんは皮をむき、薄い半月切りにする。酢水に浸してアク抜きをし、水けをきる。
2. フライパンにごま油と赤唐辛子を中火で熱し、1を入れて炒める。砂糖、酒、しょうゆの順に入れ、水分を飛ばすように3分ほど炒める。

じゃがいも

ヤサイ ハ ゴサラ（いも・きのこ）

ポテトサラダ
178 kcal

ヨーグルトを使ってさっぱりヘルシー

材料【1人分】

じゃがいも	100g
にんじん	10g
玉ねぎ	5g
きゅうり	5g
ハム	1枚
A ┌ プレーンヨーグルト	大さじ1
├ マヨネーズ	大さじ1
├ 塩	小さじ1/6
├ こしょう	少々
└ レモン汁	小さじ1

作り方 ⏱30分

1. じゃがいもは皮をむいて6等分に切り、にんじんは皮をむいていちょう切りにする。玉ねぎは薄切りにして水にさらし、水けをきる。きゅうりは薄い輪切りにする。ハムは1.5cm角に切る。
2. 鍋に塩を加えた湯を沸かし、じゃがいもとにんじんを中火で15～20分ほどゆでる。
3. ボウルに2と玉ねぎ、きゅうり、ハムを入れ、Aであえる。

じゃがいもの甘辛煮
103 kcal

甘辛味とホクホク感がたまらない！

材料【1人分】

じゃがいも	100g
A ┌ だし汁	150ml
├ 砂糖	大さじ1/2
└ しょうゆ	大さじ1/2

作り方 ⏱30分

1. じゃがいもは皮をむき、小さめのものはそのまま、大きければ2つに切る。
2. 鍋にAを入れて中火にかけ、ひと煮立ちさせたら1を加えて弱火で20分ほど煮る。
3. じゃがいもがやわらかくなったら、全体に煮汁をからめるようにして仕上げる。

ポテトフライ
269 kcal

パン粉を使ってサクサク！

材料【1人分】

じゃがいも	100g
薄力粉	適量
卵	適量
パン粉	適量
塩	小さじ1/6
こしょう	少々
揚げ油	適量

作り方 ⏱35分

1. じゃがいもは皮をむいて熱湯で20～30分ほどゆで、4等分に切る。塩、こしょうをふり、薄力粉、溶き卵、パン粉の順につける。
2. 170℃に熱した揚げ油で2～3分ほど揚げる。

memo
じゃがいもはゆでてから揚げるので、衣の色づきを見ながら揚げればOK。薄いきつね色が食べごろです。

里いも

ヤサイ ハ ゴサラ
いも きのこ

里いもの含め煮

里いもの旨味を楽しむ、定番煮物

108 kcal

材料 【1人分】

- 里いも……………100g
- A
  - だし汁……………150ml
  - 薄口しょうゆ……小さじ1
  - 塩………………少々
  - みりん…………大さじ1

作り方　⏱30分

1. 里いもは皮をむいて塩（分量外）でもんでぬめりを取る。
2. 鍋にAを入れて中火にかけ、ひと煮立ちさせたら、1を加えて落とし蓋をし、弱火で15〜20分ほど煮る。
3. 里いもがやわらかくなったら、火を止めて、冷めるまでおく。

memo
里いもの上下を切り落とし、切り口から縦に包丁を入れると皮がきれいにむけます。

里いものごまみそあえ

ねっとりとした里いもがおいしい

117 kcal

材料 【1人分】

- 里いも……………100g
- A
  - みそ……………大さじ1/3
  - 白すりごま………大さじ1/2
  - しょうゆ…………小さじ1
  - 砂糖………………小さじ1

作り方　⏱30分

1. ボウルにAを入れてよく混ぜ、大さじ1の熱湯でのばしておく。
2. 里いもはよく洗い、蒸気の上がった蒸し器に入れ、中火で15分ほど蒸す。
3. 里いもの皮をむき、1に入れてあえる。

memo
ゆでた里いもは、熱いうちに皮をむくと、むきやすい。

里いもの揚げ出し

ゆずの風味と大根おろしがよく合う

164 kcal

材料 【1人分】

- 里いも……………100g
- 大根おろし………大さじ2
- 片栗粉……………大さじ1
- A
  - だし汁……………200ml
  - しょうゆ…………大さじ1/3
  - みりん……………大さじ1/2
  - ゆずの皮…………少々
- 揚げ油……………適量

作り方　⏱20分

1. 里いもはよく洗い、蒸気の上がった蒸し器に入れ、中火で15分ほど蒸す。
2. 1の里いもの皮をむいて片栗粉をまぶし、170℃に熱した揚げ油で2〜3分ほど揚げる。
3. 鍋にAを入れて中火にかけ、ひと煮立ちさせたら、2と大根おろしを加える。

さつまいも

ヤサイハゴサラ / いも・きのこ

160 kcal

さわやかなレモンが香るやさしい甘味
さつまいものレモン煮

材料 〔1人分〕

さつまいも		100g
A	レモン（薄切り）	2枚
	砂糖	大さじ½
	塩	少々

作り方　⏱20分

1. さつまいもは皮つきのまま1.5cm幅の輪切りにし、水にさらしてアク抜きする。
2. 鍋に1、A、ひたひたの水を加え、落とし蓋をして弱火で10〜15分ほど煮る。

memo
火を止め、しばらくそのままおいておくことで味がよくなじみます。

---

260 kcal

子どものおやつに喜ばれる
大学いも

材料 〔1人分〕

さつまいも		100g
A	砂糖	大さじ1
	しょうゆ	小さじ1
	みりん	大さじ1
黒炒りごま		小さじ½
揚げ油		適量

作り方　⏱15分

1. さつまいもは皮つきのまま乱切りにし、水にさらして水けをきる。170℃に熱した揚げ油で5分ほど揚げる。
2. 鍋にAを入れて弱火にかけ、ふつふつとしてきたら、1を加え煮からめる。
3. 器に盛り、黒炒りごまをふる。

---

375 kcal

せん切りにしてあげるからさくさく、ホクホク♪
さつまいものかき揚げ

材料 〔1人分〕

さつまいも		100g
●天ぷらの衣		
A	卵	⅛個
	冷水	大さじ1⅓
	小麦粉	大さじ1⅓
揚げ油		適量

作り方　⏱10分

1. さつまいもはせん切りにして水にさらして水けをきる。
2. Aをボウルに合わせて天ぷらの衣を作り、1をからめて、170℃に熱した揚げ油で1分30秒ほど揚げる。

memo
玉ねぎやにんじんを入れてもOK！火の通り時間が同じになるように太さを揃えて。

山いも

ヤサイハゴサラ / いもきのこ

冷やして食べてもおいしい！
とろろ汁

材料 {1人分}

山いも	100g
A だし汁	50ml
みそ	大さじ½
卵黄	1個
白すりごま	少々

作り方 ⏱10分

1 山いもは皮をむいてすりおろし、Aを加えてよく混ぜる。
2 器に1を盛り、すりごまをかけ、卵黄をのせる。

memo
すり鉢か目の細かいおろし金を使うと、なめらかな口当たりに。

131 kcal

シャキシャキ山いもの歯ごたえを楽しんで
山いもの梅肉あえ

材料 {1人分}

山いも	100g
梅干し	1個
めんつゆ（市販）	大さじ½
もみのり	大さじ1

作り方 ⏱5分

1 山いもは皮をむき、麺棒などでたたいて食べやすい大きさにする。
2 梅干しを崩して種を取り、めんつゆとよく混ぜる。
3 ボウルに1、2を入れてあえ、もみのりをかける。

memo
たたくことで、味がよくなじんでおいしくなります。

73 kcal

山椒がきいた大人の味
山いもの香味揚げ

材料 {1人分}

山いも	100g
山椒	小さじ½
塩	小さじ¼
片栗粉	大さじ1
揚げ油	適量

作り方 ⏱10分

1 山いもは皮をむき、縦に6等分する。
2 山椒、塩をまぶし、片栗粉をつけ、170℃に熱した揚げ油で1分ほど揚げる。

memo
高温だと表面が焦げてしまうので、170℃をキープして揚げるのがコツ。

135 kcal

きのこ

(ヤサイハゴサラ / いも きのこ)

きのこのソテー

ガーリック風味がやみつきになる

104 kcal

材料【1人分】
- きのこ(しめじ、エリンギなど) …………100g
- にんにく(みじん切り)……1かけ分
- パセリ(みじん切り)……小さじ½
- A
  - 酒……………………大さじ1
  - しょうゆ………………小さじ1
  - 塩・こしょう……………少々
- オリーブオイル…………大さじ½

作り方 ⏱10分

1. しめじは石づきを切り落としてほぐし、エリンギは根元のかたいところを切り、食べやすい大きさに切る。
2. フライパンにオリーブオイルとにんにくを中火で熱し、1を5～7分ほど炒める。
3. Aを加えて味をととのえ、パセリを散らす。

きのこの当座煮

短時間でできる簡単煮物

92 kcal

材料【1人分】
- きのこ(しめじ、えのきだけ、まいたけなど) …………100g
- しょうが(せん切り)……大さじ½
- 赤唐辛子(輪切り)……⅓本分
- A
  - しょうゆ……………大さじ½
  - 酒……………………大さじ1
  - みりん………………大さじ1

作り方 ⏱10分

1. きのこは石づきや根元のかたいところを切り落とし、ほぐす。
2. 鍋にAを入れて中火にかけ、ひと煮立ちさせたら、1、しょうが、赤唐辛子を入れて5～7分ほど炒り煮にする。

おろしきのこ

食物繊維が豊富でヘルシーな1品

27 kcal

材料【1人分】
- きのこ(まいたけ、しめじなど) …………100g
- 大根おろし………………大さじ2
- しょうが…………………小さじ½
- めんつゆ(市販)………大さじ½

作り方 ⏱10分

1. しめじは石づきを切り落としてほぐし、まいたけはほぐす。
2. 1を2～3分ほどゆで、水けをきる。
3. 器に2を盛り、大根おろし、せん切りにしたしょうがをのせ、めんつゆをかける。

memo
石づきを切り落とすなどの下ごしらえを忘れずに。

洋食の付け合わせにもよく合う
きのこのマリネ

材料【1人分】

- きのこ(しめじ、エリンギ、マッシュルームなど)……100g
- にんにく(薄切り)……½かけ分
- A
  - しょうゆ……大さじ1
  - 酢……大さじ½
  - こしょう……少々
- ローリエ……½枚
- オリーブオイル……小さじ1

作り方 ⏱ 15分

1. きのこは石づきや根元のかたい部分を切り落とす。しめじはほぐし、エリンギ、マッシュルームは食べやすい大きさに切る。
2. フライパンにオリーブオイルとにんにくを中火で熱し、1とローリエを加えて炒める。
3. 全体に油が回ったら、Aを加えてさらに1分炒める。

73 kcal

素材の味をシンプルに楽しんで
しいたけの網焼き

材料【1人分】

- しいたけ……100g
- 青じそ……1枚
- しょうゆ……適量

作り方 ⏱ 5分

1. しいたけは石づきを切り落とし、グリルで3〜5分ほど両面を焼く。
2. 青じそを敷いた器に1を盛り、しょうゆをかける。

memo
しいたけの網焼き100gは、全部食べなくてもOK。刻んであえ物や汁の具に使うなど工夫しましょう。

31 kcal

しゃぶしゃぶ用の薄い肉で巻くのがポイント
えのきだけと豚肉の蒸しロール

材料【1人分】

- えのきだけ……100g
- 豚しゃぶしゃぶ用肉……5枚
- 酒……大さじ1
- 塩……小さじ⅙
- こしょう……少々
- ●タレ
- A
  - しょうゆ……大さじ⅓
  - しょうが(みじん切り)……小さじ1
  - 長ねぎ(みじん切り)……大さじ1
  - ごま油……大さじ½

作り方 ⏱ 15分

1. 豚肉に塩、こしょうをふり、根元を切り落として5等分にし、ほぐしたえのきだけをのせて巻く。
2. 蒸気の上がった蒸し器に1を並べ、酒をふりかけ、強火で10分ほど蒸す。
3. 器に2を盛り、混ぜ合わせたAをかける。

293 kcal

column

汁物・スープ

みそ汁やお吸い物、スープなどの汁物は、水分補給のほか、食事ののどごしをよくしたり、身体をあたため、消化吸収の効率を高める役割りがあります。

53 kcal

人気の具材を組み合わせたみそ汁
豆腐とわかめのみそ汁

材料 {1人分}

絹ごし豆腐	⅛丁
わかめ（もどしたもの）	10g
長ねぎ（斜め切り）	20g
だし汁	150mℓ
みそ	大さじ½弱

作り方 ⏱10分

1. 鍋にだし汁を入れて中火にかけ、ひと煮立ちさせたら長ねぎを入れて1分ほど煮、いったん火を止め、みそを溶き入れる。
2. 1に1cm角に切った豆腐と刻んだわかめを入れて再び温める。

memo
みそは煮すぎると香りと風味がとんでしまうので、煮すぎないようにしましょう。

みそ汁の定番といえばコレ
豆腐のみそ汁

材料 【1人分】

絹ごし豆腐	⅙丁
長ねぎ（輪切り）	20g
だし汁	150mℓ
みそ	大さじ½弱

作り方 ⏱10分

1. 鍋にだし汁を入れて中火にかけ、ひと煮立ちさせたらいったん火を止め、みそを溶き入れる。
2. 1に1cm角に切った豆腐、長ねぎを入れて再び温める。

memo
豆腐は加熱しすぎるとかたくなってしまいます。温まってからすぐに器に盛れば、なめらかさと弾力性のあるやわらかさを楽しめます。

52 kcal

大根や小松菜を入れてもおいしい
油揚げのみそ汁

材料 【1人分】

油揚げ	¼枚
長ねぎ（輪切り）	20g
だし汁	150mℓ
みそ	大さじ½弱

作り方 ⏱10分

1. 鍋にだし汁を入れて中火にかけ、ひと煮立ちさせたらいったん火を止め、みそを溶き入れる。
2. 1に1cm幅に切った油揚げ、長ねぎを入れて再び温める。

memo
最近の油揚げは、油抜きを省略してそのまま使ってもOK。

53 kcal

忙しい朝にも簡単！
わかめのみそ汁

材料 【1人分】

わかめ	5g
万能ねぎ（小口切り）	1本分
だし汁	150mℓ
みそ	大さじ½弱

作り方 ⏱5分

1. 鍋にだし汁を入れて中火にかけ、ひと煮立ちさせ、いったん火を止め、みそを溶き入れる。
2. 1に刻んだわかめ、万能ねぎを入れて再び温める。

memo
みそは控えめに加えて、味をみてから調節しましょう。

25 kcal

汁物・スープ

しじみのみそ汁
二日酔いの朝におすすめ

65 kcal

材料【1人分】
- しじみ……………………50g
- 万能ねぎ（小口切り）……1本分
- だし汁……………………150mℓ
- 酒…………………………大さじ1
- みそ………………………大さじ½

作り方　⏱10分
1. しじみはよく砂を吐かせて洗い、ザルにあげておく。
2. 鍋にだし汁、酒、1を入れて中火にかけ、蓋をして強火にし、煮立って貝の口が開いたら弱火にする。
3. みそを溶き入れ、万能ねぎを散らす。

memo
水からしじみを入れて煮ることで、だしがしっかり出ます。

鶏団子の根菜みそ汁
食べごたえがあって、ごはんもすすむ

203 kcal

材料【1人分】
- A
  - 鶏ひき肉…………………60g
  - にんじん（粗みじん切り）………………大さじ1
  - 万能ねぎ（小口切り）………………1本分
  - 片栗粉……………………大さじ½
  - 溶き卵……………………⅓個分
  - 塩…………………………小さじ¼
- 大根………………………20g
- にんじん…………………10g
- ごぼう……………………10g
- 長ねぎ……………………15g
- だし汁……………………300mℓ
- みそ………………………大さじ1

作り方　⏱15分
1. ボウルにAを入れよく混ぜ、3等分にして丸める。
2. 大根、にんじん、ごぼう、長ねぎを食べやすい大きさに切る。
3. 鍋にだし汁、2を入れて中火にかけ、沸騰したら1を加え、野菜がやわらかくなるまで5分ほど加熱し、みそを溶き入れる。

麩のみそ汁
シンプルでバリエーションも楽しめる

61 kcal

材料【1人分】
- 麩…………………………3個
- 万能ねぎ（小口切り）……1本分
- だし汁……………………150mℓ
- みそ………………………大さじ½

作り方　⏱7分
1. 鍋にだし汁を入れて中火にかけ、ひと煮立ちさせたら麩を入れて2分ほど煮、いったん火を止め、みそを溶き入れる。
2. 1に万能ねぎを入れて再び温める。

memo
絹さや、玉ねぎなどの野菜を合わせてもおいしい。

たっぷりの根菜で懐かしい味の1品
豆腐けんちん汁

材料【1人分】

木綿豆腐	⅛丁
大根	20g
にんじん	15g
ごぼう	10g
里いも	½個
長ねぎ(輪切り)	10g
こんにゃく	⅛枚
だし汁	300㎖
みそ	大さじ1

作り方 🕐 20分

1 大根、にんじん、ごぼう、里いも、こんにゃくは食べやすい大きさに切る。
2 鍋にだし汁を入れてひと煮立ちさせ、1を入れて10分ほど野菜に火が通るまで煮る。
3 2に1cm角に切った豆腐を加え、みそを溶き入れ、長ねぎをのせる。

115 kcal

献立に合わせやすい、やさしい味のお吸い物
かき玉汁

材料【1人分】

卵	½個
三つ葉	2本
だし汁	200㎖
塩	少々
薄口しょうゆ	小さじ1
水溶き片栗粉	片栗粉小さじ1+水小さじ2

作り方 🕐 10分

1 鍋にだし汁を入れてひと煮立ちさせ、塩、しょうゆで味をととのえ、水溶き片栗粉でとろみをつける。
2 溶き卵を回し入れ、ざく切りにした三つ葉を加える。

memo
しっかりと熱した汁に卵を全体に回し入れてふわっと固めるのがポイント。

95 kcal

あと1皿ほしいときにできる簡単スープ
わかめスープ

材料【1人分】

わかめ(もどしたもの)	50g
長ねぎ(斜め切り)	5枚
水	200㎖
鶏がらスープの素	小さじ1
こしょう	少々
白炒りごま	少々

作り方 🕐 5分

1 鍋に水と鶏がらスープの素を入れてひと煮立ちさせる。
2 刻んだわかめ、長ねぎを入れ、こしょう、白炒りごまをふる。

20 kcal

汁物・スープ

玉ねぎのとろみがおいしい！
玉ねぎスープ

59 kcal

材料【1人分】

玉ねぎ	¼個
ベーコン	½枚
にんにく	½かけ
水	200mℓ
コンソメスープの素	小さじ½
こしょう	少々

作り方 ⏱10分

1. 玉ねぎは薄切りにする。ベーコンは5mm幅に切る。
2. にんにくは薄切りにする。
3. 鍋に水とコンソメスープの素を入れて中火にかけ、ひと煮立ちさせたら1、2を入れ、5分ほど煮る。こしょうで味をととのえる。

たくさん買ってもスープにすれば食べきれる
レタスのスープ

46 kcal

材料【1人分】

レタス	¼個
長ねぎ	⅛本
水	200mℓ
鶏がらスープの素	小さじ1
白炒りごま	小さじ¼
ごま油	小さじ¼

作り方 ⏱5分

1. レタスはざく切り、長ねぎは薄切りにする。
2. 鍋に水と鶏がらスープの素を入れ中火にかけ、ひと煮立ちさせる。1を加えてごま油をかけ白炒りごまをふる。

memo
お好みでベーコンを入れても合います。

ベーコンの旨味がキャベツと合う
キャベツのスープ

62 kcal

材料【1人分】

キャベツ	1枚
玉ねぎ	⅛個
ベーコン	½枚
水	200mℓ
コンソメスープの素	小さじ½
こしょう	少々

作り方 ⏱10分

1. キャベツはせん切り、玉ねぎは薄く切り、ベーコンは5mm幅に切る。
2. 鍋に水とコンソメスープの素を入れ中火にかけ、1を加え2分ほど煮、こしょうで味をととのえる。

memo
キャベツは太さを揃えて切るのがポイントです。

かぼちゃの甘味でほっこり
かぼちゃのポタージュ

材料【1人分】

かぼちゃ	⅛個
長ねぎ	¼本
セロリ	¼本
牛乳	100mℓ
ローリエ	½枚
塩	小さじ⅛
バター	大さじ1

作り方 ⏱20分

1. かぼちゃ、長ねぎ、セロリは薄切りにする。
2. 鍋にバターを中火で熱し、1を炒める。
3. 塩、ローリエ、ひたひたの水を加え、かぼちゃがやわらかくなるまで5分ほど煮て火を止める。
4. 粗熱がとれたら、ミキサーにかけてなめらかにして鍋に移し、牛乳を加えて弱火で3分ほど煮る。

302 kcal

ごはんを加えてコクがUP
にんじんのポタージュ

材料【1人分】

にんじん(大)	¼本
長ねぎ	¼本
セロリ	¼本
ごはん	大さじ½
牛乳	100mℓ
ローリエ	½枚
塩	小さじ⅛
バター	大さじ1

作り方 ⏱20分

1. にんじん、長ねぎ、セロリは薄切りにする。
2. 鍋にバターを中火で熱し、1を炒める。
3. 塩、ローリエ、ひたひたの水、ごはんを加え、にんじんがやわらかくなるまで煮て火を止める。
4. 粗熱がとれたら、ミキサーにかけてなめらかにして鍋に移し、牛乳を加えて弱火で3分ほど煮る。

196 kcal

野菜をたくさん食べられて温まる1品
野菜のコンソメスープ

材料【1人分】

キャベツ	½枚
玉ねぎ	⅛個
にんじん	10g
じゃがいも	20g
ベーコン	½枚
水	200mℓ
コンソメスープの素	小さじ1
こしょう	少々

作り方 ⏱20分

1. 野菜はすべて7mm角に切り、ベーコンは5mm幅に切る。
2. 鍋に水、コンソメスープの素、1を入れて中火にかけ、ひと煮立ちしたら、野菜がやわらかくなるまで10分ほど煮る。
3. こしょうで味をととのえる。

73 kcal

お皿で数える
栄養量
6

ゴハンハシッカリ

朝・昼・夜と3食しっかり主食を食べること

主に体温調節をしたり、エネルギーになる黄色群の炭水化物。白米、玄米、雑穀米などのごはん、スパゲッティ、そば、うどん、ラーメンなどの麺類、食パン、ロールパンなどのパンを3食しっかり食べましょう。1日の中で、朝はパン、昼は麺類、夜はごはんというように変化をつけると、献立のバリエーションが広がります。

> 朝・昼・夜がすべてごはんでもOK。

> 主食に卵などがプラスされるとタマゴイチとして数える。

> パンは菓子パンは主食としてはNG。食パン、フランスパンなどをメインに。

> 麺はうどん、そば、パスタ、ラーメンなど。

こんなとき、どうする？ Q&A

ミートソーススパゲッティなどの上の具はどのように数えたらいい？

パスタ料理は、基本はごはん1皿と数えますが、肉が80g以上入っていたり、野菜が70g以上入っている場合は、肉1皿、野菜1皿と数えます。このような具だくさんのごはんや麺料理は複数の食材を使うので、添える副菜やスープはシンプルでOK。

おかゆはごはん1皿と数える？

お米0.5合でごはん茶碗1杯分（約150g）なので、これを1皿として数えますが、おかゆの場合はお米0.5合で茶碗2〜3杯分なので、おかゆ茶碗1杯分はごはん⅓皿として数えます。卵1個でとじれば、卵1皿がプラスされます。

ごはん

ゴハンハシッカリ

彩りがきれいでおもてなし料理にも◎
ちらし寿司

507 kcal

材料 【1人分】

酢飯	茶碗1杯分
ゆでえび	3尾
煮あなご	30g
とびっこ	大さじ1
れんこん	10g
にんじん	5g
しいたけ	1枚
絹さや	1枚
錦糸卵	½個分
だし汁	100㎖
薄口しょうゆ	大さじ½
みりん	大さじ1

作り方 15分

1 れんこんは薄切りにし、酢水にさらす。にんじんは薄切りにし、花形にくりぬき、しいたけは石づきを切り落とし、薄切りにする。

2 鍋に1、だし汁、しょうゆ、みりんを加え中火で熱し、落とし蓋をして10分ほど煮る。

3 酢飯に2、えび、あなごをのせ、錦糸卵、塩ゆでしてせん切りにした絹さや、とびっこを散らす。

memo
人肌ぐらいの温かさの酢飯に、温かい具を混ぜると、味がなじみやすくなります。

ジューシーなチキンがよく合う
カレーライス

622 kcal

材料 【1人分】

ごはん	茶碗1杯分
鶏もも肉	80g
玉ねぎ	¼個
にんじん	30g
じゃがいも	50g
カレールウ（市販）	1かけ
コンソメスープの素	小さじ1
水	300㎖
オリーブオイル	小さじ1

作り方 30分

1 鶏肉は余分な脂を取り除き、食べやすい大きさに切り、玉ねぎはくし形切り、にんじんは乱切り、じゃがいもは4つに切る。

2 鍋にオリーブオイルを中火で熱し、1の鶏肉を炒め、色が変わってきたら玉ねぎ、にんじん、じゃがいもを加えて炒め、油が回ったら水、コンソメスープの素を加えて15分ほど煮る。

3 野菜がやわらかくなったら、火を止め、カレールウを加えてよく混ぜ、再度温める。

4 器に盛ったごはんに3をかける。

memo
カレールウは溶けにくいので、包丁で削って加えるとムラなく溶けます。

ごはん

ゴハンハシッカリ

炊き込みごはんの定番
五目炊き込みごはん

367 kcal

材料【2人分】

米	1合（180㎖）
鶏もも肉	50g
にんじん	30g
ごぼう	30g
しめじ	¼パック
こんにゃく	¼枚
油揚げ	¼枚
だし汁	180㎖
しょうゆ	大さじ⅔
みりん	大さじ½

作り方 ⏱60分

1. 米はよく洗い、ザルにあげる。
2. 鶏肉は8mm角に切り、にんじん、こんにゃくは短冊切り、ごぼうはささがきにし、水にさらす。しめじは石づきを切り落としてほぐし、油揚げは5mm幅に切る。
3. 炊飯器に1、2、だし汁、しょうゆ、みりんを加え、普通に炊く。

memo
といだお米はザルにあげ、その間に材料を切っておくのがポイント。炊き込みごはんは、多めに炊いて。

卵とハムがおいしい！
チャーハン

449 kcal

材料【2人分】

卵	1個
ハム	2枚
しいたけ	1枚
にんじん	⅙枚
長ねぎ	¼本
ごはん	茶碗2杯分
サラダ油	大さじ2
塩・こしょう・しょうゆ	各適量

作り方 ⏱15分

1. ハムは5mm角に切り、しいたけは石づきを切り落として5mm角に切る。にんじん、長ねぎはみじん切りにする。
2. ボウルに卵を割りほぐす。
3. フライパンにサラダ油大さじ1を強火で熱し、2を流し入れて手早く炒め、取り出す。
4. 3のフライパンに残りのサラダ油を足し、1を入れて強火で炒め、ねぎの香りが立ってきたらごはんを加え、中火で全体をパラパラになるまで炒める。3を加えて炒め合わせ、塩、こしょうをふり、鍋肌に沿ってしょうゆを回し入れる。

memo
加えるごはんは、ほぐれやすいように、電子レンジなどで温めておくといいでしょう。

麺　ゴハンハシッカリ

薬味が食欲をそそります
ざるそば

材料【1人分】

そば(乾麺)……………100g
長ねぎ(輪切り)…………適量
刻みのり…………………大さじ1
そばつゆ…………………適量

作り方　⏱10分

1. 鍋にたっぷりの湯を沸かし、そばをパラパラと落とし入れ、すぐに菜箸でやさしくかき混ぜ、袋の表示時間通りにゆでる。
2. ゆであがったら、ザルにあげ、冷たい流水でさっと洗い、表面のぬめりを洗う。
3. 刻みのりをのせ、そばつゆと薬味を添える。

memo
そばのゆで加減は、表示時間の少し前に1本取り出し、かたさをみてから調節しましょう。

375 kcal

食欲がない日でも食べやすい
そうめん

材料【1人分】

そうめん(乾麺)…………100g
めんつゆ…………………適量

作り方　⏱5分

1. 鍋にたっぷりの湯を沸かし、そうめんをパラパラと落とし入れ、菜箸で大きく混ぜ、もう一度煮立ったらゆであがり。
2. ゆであがったら、すぐに湯ごとザルにあけて湯をきる。ボウルに移し、流水でよくもみ洗いをして器に盛り、めんつゆを添える。

memo
そうめんは重量の7〜10倍のたっぷりのお湯で手早くゆでるのがコツ。

385 kcal

麺

ゴハン ハ シッカリ

553 kcal

定番の具材、煮卵とチャーシューがおいしい
ラーメン

材料【1人分】
しょうゆラーメン（市販）……1人分
ほうれん草（ゆで）…………30g
チャーシュー…………………1枚
煮卵……………………………½個
メンマ…………………………3枚
長ねぎ（輪切り）……………大さじ1

作り方 ⏱10分
1 麺は袋の表示通りの時間ゆでる。器にスープの素を入れ、熱湯を分量通り入れてスープを作る。
2 1に煮卵、メンマ、チャーシュー、長ねぎ、ほうれん草をトッピングする。

memo
めんは、空気を含ませるようによくほぐしてからゆでると、コシが強くなります。

---

487 kcal

簡単にできて野菜もとれる！
焼きそば

材料【1人分】
焼きそば（市販）……………1人分
キャベツ………………………1枚
にんじん………………………⅙本
豚ロース薄切り肉……………50g
青のり…………………………少々
ごま油…………………………大さじ½

作り方 ⏱10分
1 フライパンにごま油を中火で熱し、豚肉、にんじん、キャベツの順で炒める。
2 麺を加え、さらに炒め、ソースをからめる。
3 お好みで青のりをかける。

memo
お好みでもやしなどの野菜を入れても◎。野菜がたくさんとれます。

パスタ・パン　ゴハンハシッカリ

子どもにも人気のパスタメニュー
ミートソーススパゲッティ

514 kcal

材料 {1人分}

- ミートソース(市販)………1人分
- 合いびき肉……………………30g
- 玉ねぎ(みじん切り)……大さじ2
- スパゲッティ…………………80g
- パセリ(みじん切り)…………少々
- オリーブオイル…………小さじ1

作り方　⏱10分

1. フライパンにオリーブオイルを中火で熱し、ひき肉と玉ねぎを炒める。
2. 玉ねぎが透き通ってきたら、ミートソースを加えひと煮立ちさせる。
3. スパゲッティは袋の表示時間通りにゆで、オリーブオイル、塩少量(分量外)であえる。
4. 器に3を盛り、2をかけ、パセリを散らす。

> **memo**
> ゆでたスパゲッティは、素早くザルにあげて水けをきりましょう。

お弁当にもおすすめのメニュー
サンドイッチ

299 kcal

材料 {1人分}

- 食パン(10枚切り)……………2枚
- ロースハム……………………1枚
- きゅうり………………………¼本
- バター……………………大さじ½

作り方　⏱10分

1. きゅうりは縦に薄切りにする。
2. 食パンにバターを薄く塗り、ロースハム、きゅうりをはさみ、上から押さえて包丁で4つに切る。

> **memo**
> 食パン以外にも好きなパンを使ったり、具材もアレンジしやすいサンドイッチ。野菜不足のときは野菜を多めに入れても◎。

> ゴハンハシッカリ

パン

513 kcal

混ぜるだけで簡単♪
パンケーキ

材料【1人分】
- ホットケーキミックス……100g
- 卵……………………………1個
- 牛乳………………………80㎖
- メイプルシロップ…………適量

作り方 ⏱10分

1. ボウルにホットケーキミックス、卵、牛乳を入れて泡立て器でさっくりと混ぜる。
2. フッ素樹脂加工のフライパンを中火で熱し、1を流し入れ、表面にプツプツと穴があいてきたら、フライ返しでひっくり返し、両面を焼く。
3. 器に盛り、お好みでメイプルシロップを添える。

memo
ふっくらとした焼き上がりにするには、混ぜすぎないのがポイントです。

234 kcal

朝食やおやつにぴったり！
フレンチトースト

材料【1人分】
- バゲット……………………3枚
- 卵……………………………1個
- 牛乳………………………60㎖
- 砂糖………………………大さじ1
- メイプルシロップ…………適量

作り方 ⏱20分

1. ボウルに卵、牛乳、砂糖を入れてよく混ぜ、バゲットを入れて10分ほどつける。
2. 170℃に予熱したオーブンで10分焼く。
3. お好みで、メイプルシロップをかける。

memo
前日の夜から浸しておけば、忙しい朝も焼くだけで簡単に作れます。

column

標準計量スプーン・計量カップ1杯の重量(単位g)

おいしい料理を作るときの一番の秘訣は、調味料を正しく計って味つけすること。調味料の使いすぎは塩分や糖分、脂質のとりすぎにつながるので、計量スプーン、計量カップの重量をおさえておくことが大切です。

食品名	小さじ1 5mℓ	大さじ1 15mℓ	1カップ 200mℓ	食品名	小さじ1 5mℓ	大さじ1 15mℓ	1カップ 200mℓ
水	5	15	200	牛乳	5	15	210
酒	5	15	200	ヨーグルト	6	18	220
酢	5	15	200	粉チーズ	2	6	90
しょうゆ	6	18	230	生クリーム	5	15	200
みりん	6	18	230	油・バター	4	12	180
みそ	6	18	230	ラード	4	12	170
あら塩	5	15	180	ショートニング	4	12	160
食塩	6	18	240	コーンスターチ	2	6	100
上白糖	3	9	130	小麦粉	3	9	110
グラニュー糖	4	12	180	片栗粉	3	9	130
ざらめ	5	15	200	じゅうそう	4	12	190
水あめ・はちみつ	7	21	280	生パン粉	1	3	40
ジャム	7	21	250	オートミール	2	6	80
マーマレード	7	21	270	マヨネーズ	4	12	180
ごま	3	9	130	ケチャップ	5	15	200
練りごま	5	15	200	ウスターソース	6	18	230

お皿で数える
栄養量
7

オヤツハクダモノ

おやつにケーキやスナックはNG。ビタミン、ミネラルが豊富な果物を。

間食というと思い浮かべるのは、ケーキやクッキー、スナック菓子などですが、これらは高カロリー、高脂質の上、栄養がほとんどありません。間食をするなら、旬の果物を食べるように心がけましょう。ビタミン、ミネラルが豊富な果物は100gを1回量の目安に。ジュースなどと組み合わせるのではなく、牛乳やチーズ、ヨーグルトと合わせて。

果物はみかんやキウイフルーツ、りんごなどを。

旬の果物100gぐらいを目安に食べて。

ヨーグルトなどと合わせてバランスよく。

こんなとき、どうする？ Q&A

フルーツがたっぷりのったタルトならおやつにしてOK？

フレッシュな果物がのったタルトは、スナック菓子などと比べてビタミンやミネラル補給になりますが、食べすぎは炭水化物のとりすぎにつながります。少量を心がけましょう。

フレッシュジャムはおやつにしてOK？

手作りのジャムはおいしくて安心して食べられますが、何せ砂糖をたっぷり使っているため、炭水化物、カロリーのとりすぎに。食べる場合、フルーツヨーグルトの甘味づけ程度の量なら問題ないでしょう。

果物の重量の目安とエネルギー量

目安になる重さを知っておくと、食べすぎを防ぐことができます。
1日に100gの果物を食べることが基本です。牛乳やヨーグルトなどと合わせて食べましょう。

ぶどう 1房（約100g） 59 kcal
主な栄養素　糖質　クエン酸　βカロテン

キウイフルーツ大1個（約100g） 53 kcal
主な栄養素　ビタミンC　ビタミンE　食物繊維

はっさく½個（約100g） 45 kcal
主な栄養素　ビタミンC　食物繊維　葉酸

みかん中1個（約100g） 45 kcal
主な栄養素　ビタミンC　βカロテン　食物繊維

りんご½個（約110g） 59 kcal
主な栄養素　食物繊維　炭水化物　カリウム

どんなフルーツでもOK！

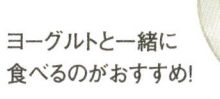

ヨーグルトと一緒に食べるのがおすすめ！

おやつで食べる果物はプレーンヨーグルトと一緒に食べるのがおすすめ。カルシウム補給と同時にビタミンと食物繊維がたっぷりとれます。毎日の食生活で不足しがちな栄養素を補うのに最適です。

column 食品の重量の目安

	0	20	40	60	80	100	120
穀類		ロールパン(1個)30g		食パン6枚切り(1枚)65g	スパゲッティ(1人分)80〜100g		中華麺(生・1玉)135g
いも類			じゃがいも(中1個)50g	さといも(中1個)80g			
大豆製品		油揚げ(1枚)20〜40g	納豆(小1パック)40〜50g / がんもどき(大1個)55g				
野菜類		ピーマン(1個)25g	キャベツの葉(1枚)50g	白菜の葉(1枚)80g / なす(中1個)80g	きゅうり(中1本)100g / にら(1束)100g		
果実類		いちご(1個)20g			みかん(1個)70〜100g		
きのこ類		生しいたけ(1個)30g		エリンギ(大1本)80g			
魚介類	かまぼこ(1切れ)15g	ちくわ(1本)25g			魚の切り身(1切れ)80〜100g	いわし(中1尾)110g	
肉類		ハム(1枚)20g / ベーコン1枚15g	牛薄切り肉(1枚)30g / 豚薄切り肉(1枚)20g				
卵類		うずら(1個)10g		鶏卵(1個)50g			
乳類		スライスチーズ(1枚)18g / プロセスチーズ(1切れ)25g					

| 140 | 160 | 180 | 200 | 300 | 400 | 500 | 1000〜 | (g) |

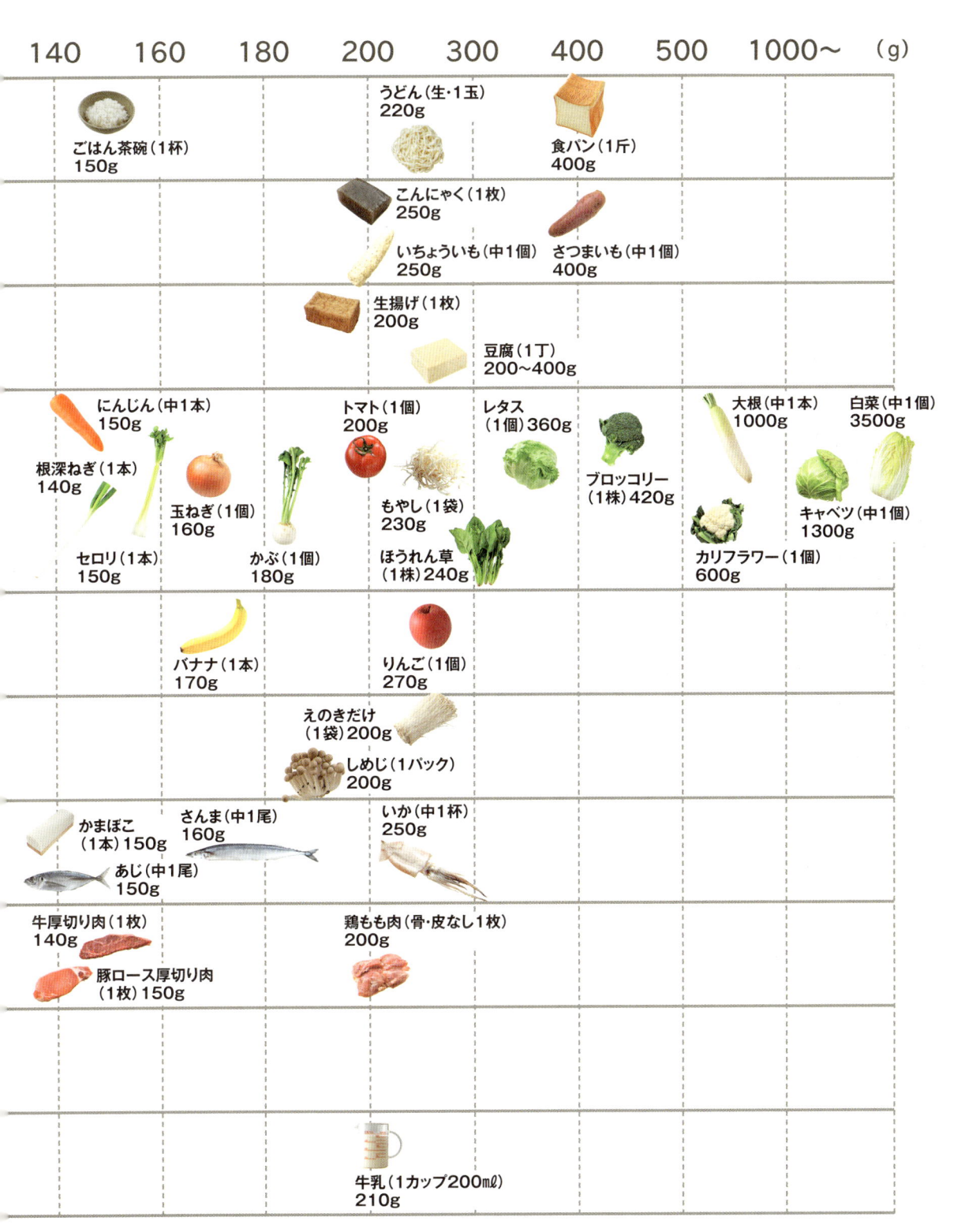

- ごはん茶碗(1杯) 150g
- うどん(生・1玉) 220g
- 食パン(1斤) 400g
- こんにゃく(1枚) 250g
- いちょういも(中1個) 250g
- さつまいも(中1個) 400g
- 生揚げ(1枚) 200g
- 豆腐(1丁) 200〜400g
- にんじん(中1本) 150g
- トマト(1個) 200g
- レタス(1個) 360g
- 大根(中1本) 1000g
- 白菜(中1個) 3500g
- 根深ねぎ(1本) 140g
- 玉ねぎ(1個) 160g
- もやし(1袋) 230g
- ブロッコリー(1株) 420g
- キャベツ(中1個) 1300g
- セロリ(1本) 150g
- かぶ(1個) 180g
- ほうれん草(1株) 240g
- カリフラワー(1個) 600g
- バナナ(1本) 170g
- りんご(1個) 270g
- えのきだけ(1袋) 200g
- しめじ(1パック) 200g
- かまぼこ(1本) 150g
- さんま(中1尾) 160g
- いか(中1杯) 250g
- あじ(中1尾) 150g
- 牛厚切り肉(1枚) 140g
- 鶏もも肉(骨・皮なし1枚) 200g
- 豚ロース厚切り肉(1枚) 150g
- 牛乳(1カップ200mℓ) 210g

155

食材別料理さくいん

肉類・肉加工品

■牛肉　牛のたたき ……… 76
- ビーフステーキ ……… 76
- 牛肉のオイスターソース炒め ……… 77
- 牛肉のしぐれ煮 ……… 77
- 肉じゃが ……… 80

■豚肉　豚のしょうが焼き ……… 74
- 豚の角煮 ……… 74
- とんかつ ……… 75
- 焼き豚 ……… 75
- 酢豚 ……… 81
- ロールキャベツ ……… 81
- 肉豆腐 ……… 83
- チーズたっぷり焼きカツレツ ……… 99
- えのきだけと豚肉の蒸しロール ……… 137
- 焼きそば ……… 148

■鶏肉　鶏の照り焼き ……… 70
- 鶏のから揚げ ……… 70
- 棒棒鶏 ……… 71
- 鶏のトマト煮 ……… 71
- ローストチキン ……… 72
- 鶏むね肉とみょうがの梅煮浸し ……… 72
- 鶏ささみのピカタ ……… 73
- 鶏手羽先とゆで卵のお酢煮 ……… 73
- 炒り鶏 ……… 80
- 茶碗蒸し ……… 94
- クリームシチュー ……… 98
- カレーライス ……… 145
- 五目炊き込みごはん ……… 146

■ひき肉　餃子 ……… 78
- ハンバーグ ……… 78
- 鶏つくね ……… 79
- 肉シュウマイ ……… 79
- 麻婆豆腐 ……… 84
- チリコンカン ……… 85
- 大豆とひき肉のドライカレー ……… 86
- もやしとひき肉の炒め物 ……… 129
- 鶏団子の根菜みそ汁 ……… 140
- ミートソーススパゲッティ ……… 149

■ベーコン・ハム・チャーシュー
- ハムエッグ ……… 94
- ミルクコーンスープ ……… 98
- ピザトースト ……… 99
- アスパラガスとベーコンの炒め物 ……… 104
- 絹さやのガーリック炒め ……… 108
- チンゲン菜のクリームあんかけ ……… 110
- ほうれん草とベーコンのソテー ……… 117
- かぶとベーコンのロースト ……… 119
- 白菜のクリーム煮 ……… 128
- ポテトサラダ ……… 132
- 玉ねぎスープ ……… 142
- キャベツのスープ ……… 142
- 野菜のコンソメスープ ……… 143
- チャーハン ……… 146
- ラーメン ……… 148
- サンドイッチ ……… 149

魚介類・貝類・魚加工品

■あさり
- あさりとアスパラのにんにく炒め ……… 69
- あさりの酒蒸し ……… 69

■あじ　あじの塩焼き ……… 63
- あじフライ ……… 64
- あじのたたき ……… 65

■あなご　ちらし寿司 ……… 145

■アンチョビ
- キャベツとアンチョビの炒め物 ……… 121

■いか　いかと大根の煮物 ……… 67

■いわし　いわしの梅干し煮 ……… 65

■うなぎ　う巻き ……… 92

■えび・干しえび　えびフライ ……… 66
- えびチリ ……… 67
- 茶碗蒸し ……… 94
- えびグラタン ……… 97
- ブロッコリーとえびのサラダ ……… 116
- ちらし寿司 ……… 145

■かき　かきフライ ……… 68
- かきの和風ソテー ……… 68

■かじきまぐろ
- かじきまぐろの竜田揚げ ……… 62

■かに缶　かに玉 ……… 95

■鮭・サーモン　鮭の南蛮なます漬け ……… 59
- 鮭のゆず塩麹漬け ……… 59
- 鮭のムニエル ……… 62
- クリームチーズとアボカドのサーモンロール ……… 100
- 水菜とスモークサーモンの生春巻き ……… 118

■さんま　さんまの塩焼き ……… 63
- さんまのかば焼き ……… 64

■しじみ　しじみのみそ汁 ……… 140

■鯛　鯛の煮つけ ……… 60
- 鯛のから揚げ ……… 60

■たこ　たこときゅうりの酢の物 ……… 66

■たらこ
- カリフラワーのたらこサラダ ……… 120

■ちりめんじゃこ・しらす干し
- オクラとしらす干しのお浸し ……… 105
- ピーマンとじゃこの炒め物 ……… 114
- セロリとじゃこの炒め物 ……… 124
- 白菜の中華風サラダ ……… 128
- レタスとじゃこの煮浸し ……… 130

■ツナ缶　チンゲン菜とツナのサラダ ……… 110
- パプリカとツナのサラダ ……… 115
- セロリとツナのサラダ ……… 124

■とびっこ　ちらし寿司 ……… 145

■ぶり　ぶりの照り焼き ……… 61
- ぶりのみぞれ椀 ……… 61

■まぐろ　ごちそう納豆 ……… 87

野菜・海藻類

■青じそ　さんまのかば焼き ……… 64
- あじのたたき ……… 65
- 牛のたたき ……… 76
- ハンバーグ ……… 78
- オクラとしらす干しのお浸し ……… 105
- しいたけの網焼き ……… 137

■アスパラガス
- あさりとアスパラのにんにく炒め ……… 69
- アスパラガスとベーコンの炒め物 ……… 104
- アスパラガスの煮浸し ……… 104
- アスパラガスのごまあえ ……… 104

■オクラ　ごちそう納豆 ……… 87
- オクラとしらす干しのお浸し ……… 105
- オクラともずくの酢の物 ……… 105
- オクラの天ぷら ……… 105

■かぶ　ぶりのみぞれ椀 ……… 61
- かぶの甘酢漬け ……… 119
- かぶの中華風煮浸し ……… 119
- かぶとベーコンのロースト ……… 119

■かぼちゃ　かぼちゃのサラダ ……… 106
- かぼちゃの煮物 ……… 106
- かぼちゃの韓国風揚げ浸し ……… 106
- かぼちゃのポタージュ ……… 143

■カリフラワー
- カリフラワーのたらこサラダ ……… 120
- カリフラワーのピクルス ……… 120
- カリフラワーかき玉あんかけ ……… 120

■絹さや　肉じゃが ……… 80
- 炒り鶏 ……… 80
- 絹さやのガーリック炒め ……… 108
- ちらし寿司 ……… 145

■キャベツ　あじフライ ……… 64
- とんかつ ……… 75
- 餃子 ……… 78
- ロールキャベツ ……… 81
- キャベツとアンチョビの炒め物 ……… 121
- 蒸しキャベツのごまダレがけ ……… 121
- コールスローサラダ ……… 121
- キャベツのスープ ……… 142
- 野菜のコンソメスープ ……… 143
- 焼きそば ……… 148

■きゅうり　たこときゅうりの酢の物 ……… 66
- ごちそう納豆 ……… 87
- きゅうりとわかめの酢の物 ……… 122
- きゅうりの梅おかか ……… 122
- きゅうりのヨーグルトサラダ ……… 122
- ポテトサラダ ……… 132
- サンドイッチ ……… 149

■グリーンピース　肉シュウマイ ……… 79
- かに玉 ……… 95

■クレソン　鮭のムニエル ……… 62

■コーン（缶）・クリームコーン缶
- ミルクコーンスープ ……… 98

コールスローサラダ 121	もやしとひき肉の炒め物 129	トマトの浅漬け 111
■ごぼう 炒り鶏 80	レタスのスープ煮 130	トマトと卵の中華炒め 111
五目豆 85	きのこの当座煮 136	トマトと玉ねぎのサラダ 111
ごぼうのきんぴら 123	おろしきのこ 136	■長ねぎ・万能ねぎ 鮭のゆず塩麹漬け 59
ごぼうのサラダ 123	えのきだけと豚肉の蒸しロール 137	鯛の煮つけ 60
ごぼうのから揚げ 123	■セロリ 鶏のトマト煮 71	あじのたたき 65
鶏団子の根菜みそ汁 140	セロリのピクルス 124	えびチリ 67
豆腐けんちん汁 141	セロリとツナのサラダ 124	あさりの酒蒸し 69
五目炊き込みごはん 146	セロリとじゃこの炒め物 124	鶏の照り焼き 70
■小松菜 小松菜の炒め物 107	かぼちゃのポタージュ 143	棒棒鶏 71
小松菜のナムル 107	にんじんのポタージュ 143	鶏手羽先とゆで卵のお酢煮 73
小松菜のピーナッツソースあえ 107	■大根 鮭の南蛮なます漬け 59	牛のたたき 76
■昆布 五目豆 85	いかと大根の煮物 67	牛肉のオイスターソース炒め 77
大豆と昆布の煮物 86	ハンバーグ 78	餃子 78
大根のおでん 125	揚げ出し豆腐 84	鶏つくね 79
■さやいんげん いんげんのごまあえ 108	大根のおでん 125	肉豆腐 83
いんげんの揚げ浸し 108	大根と油揚げのサラダ 125	麻婆豆腐 84
■サラダ菜 えびフライ 66	大根のステーキ 125	大豆と豚肉のドライカレー 86
豚のしょうが焼き 74	里いもの揚げ出し 133	ごちそう納豆 87
チーズたっぷり焼きカツレツ 99	おろしきのこ 136	揚げ納豆 87
■しし唐辛子 ぶりの照り焼き 61	鶏団子の根菜みそ汁 140	納豆鍋 88
揚げ出し豆腐 84	豆腐けんちん汁 141	かに玉 95
■春菊 春菊のサラダ 109	■たけのこ 酢豚 81	小松菜の炒め物 107
春菊とみょうがのお浸し 109	■玉ねぎ 鶏のトマト煮 71	小松菜のナムル 107
春菊の白あえ 109	ハンバーグ 78	春菊のサラダ 109
■しょうが 鯛の煮つけ 60	肉シュウマイ 79	チンゲン菜のクリームあんかけ 110
かじきまぐろの竜田揚げ 62	肉じゃが 80	ブロッコリーのナムル 116
いわしの梅干し煮 65	酢豚 81	カリフラワーかき玉あんかけ 120
あじのたたき 65	チリコンカン 85	白菜のクリーム煮 128
たこときゅうりの酢の物 66	納豆鍋 88	白菜の中華風サラダ 128
いかと大根の煮物 67	オムレツ 91	もやしのねぎソースサラダ 129
鶏の照り焼き 70	ミルクコーンスープ 98	えのきだけと豚肉の蒸しロール 137
鶏のから揚げ 70	クリームシチュー 98	豆腐とわかめのみそ汁 138
棒棒鶏 71	ピザトースト 99	豆腐のみそ汁 139
鶏むね肉とみょうがの梅煮浸し 72	かぼちゃのサラダ 106	油揚げのみそ汁 139
豚のしょうが焼き 74	チンゲン菜とツナのサラダ 110	わかめのみそ汁 139
焼き豚 75	トマトと玉ねぎのサラダ 111	しじみのみそ汁 140
牛のたたき 76	パプリカとツナのサラダ 115	鶏団子の根菜みそ汁 140
牛肉のしぐれ煮 77	新玉ねぎのサラダ 126	麩のみそ汁 140
肉シュウマイ 79	玉ねぎのオーブン焼き 126	豆腐けんちん汁 141
揚げ出し豆腐 84	丸ごと玉ねぎのコンソメ煮 126	わかめスープ 141
大豆と豚肉のドライカレー 86	ポテトサラダ 132	レタスのスープ 142
納豆のかき揚げ 88	玉ねぎスープ 142	かぼちゃのポタージュ 143
味つけ卵 93	キャベツのスープ 142	にんじんのポタージュ 143
アスパラガスの煮浸し 104	野菜のコンソメスープ 143	チャーハン 146
オクラとしらす干しのお浸し 105	カレーライス 145	ざるそば 147
小松菜の炒め物 107	ミートソーススパゲッティ 149	ラーメン 148
いんげんの揚げ浸し 108	■チンゲン菜 チンゲン菜のクリームあんかけ 110	■なす なすの煮浸し 127
チンゲン菜のクリームあんかけ 110	チンゲン菜とツナのサラダ 110	なすのナムル 127
トマトの浅漬け 111	チンゲン菜と油揚げのさっと煮 110	蒸しなすのごまあえ 127
パプリカの揚げ浸し 115	■トマト・ミニトマト・トマト缶・トマトソース	■にら 餃子 78
水菜の煮浸し 118	鶏のトマト煮 71	にらのお浸し 112
かぶの中華風煮浸し 119	チリコンカン 85	にら玉 112
カリフラワーかき玉あんかけ 120	オムレツ 91	にらともやしの中華風サラダ 112
きゅうりとわかめの酢の物 122	ピザトースト 99	■にんじん 鶏つくね 79
白菜のクリーム煮 128	チーズたっぷり焼きカツレツ 99	肉じゃが 80

157

炒り鶏 80	■パプリカ・ピーマン 酢豚 81	えのきだけと豚肉の蒸しロール 137
酢豚 81	ピザトースト 99	■エリンギ きのこのソテー 136
五目豆 85	ピーマンとじゃこの炒め物 114	きのこのマリネ 137
クリームシチュー 98	ピーマンのゆかりあえ 114	■しいたけ・干ししいたけ 炒り鶏 80
春菊の白あえ 109	揚げピーマンのガーリックしょうゆ 114	五目豆 85
にんじんのサラダ 113	パプリカとツナのサラダ 115	かに玉 95
にんじんのグラッセ 113	パプリカの揚げ浸し 115	しいたけの網焼き 137
にんじんのかき揚げ 113	パプリカのピクルス 115	ちらし寿司 145
コールスローサラダ 121	■ブロッコリー えびグラタン 97	チャーハン 146
ポテトサラダ 132	ブロッコリーのチーズ焼き 116	■しめじ きのこのソテー 136
鶏団子の根菜みそ汁 140	ブロッコリーのナムル 116	きのこの当座煮 136
豆腐けんちん汁 141	ブロッコリーとえびのサラダ 116	おろしきのこ 136
にんじんのポタージュ 143	■ほうれん草 ほうれん草のお浸し 117	きのこのマリネ 137
野菜のコンソメスープ 143	ほうれん草とベーコンのソテー 117	五目炊き込みごはん 146
ちらし寿司 145	ほうれん草のごまあえ 117	■まいたけ きのこの当座煮 136
カレーライス 145	ラーメン 148	おろしきのこ 136
五目炊き込みごはん 146	■水菜・三つ葉 ぶりのみぞれ椀 61	■マッシュルーム えびグラタン 97
チャーハン 146	焼き豚 75	クリームシチュー 98
焼きそば 148	豆腐のステーキ 83	きのこのマリネ 137
■にんにく	納豆のかき揚げ 88	
あさりとアスパラのにんにく炒め 69	茶碗蒸し 94	**いも類**
あさりの酒蒸し 69	卵と三つ葉の信田煮 95	■さつまいも さつまいものレモン煮 134
鶏のから揚げ 70	にんじんのかき揚げ 113	大学いも 134
ローストチキン 72	水菜の煮浸し 118	さつまいものかき揚げ 134
牛のたたき 76	水菜とスモークサーモンの生春巻き 118	■里いも 炒り鶏 80
ビーフステーキ 76	水菜と油揚げのサラダ 118	里いもの含め煮 133
牛肉のオイスターソース炒め 77	かき玉汁 141	里いものごまみそあえ 133
大豆と豚肉のドライカレー 86	■みょうが 鶏むね肉とみょうがの梅煮浸し 72	里いもの揚げ出し 133
納豆鍋 88	納豆のかき揚げ 88	豆腐けんちん汁 141
じゃがいものグラタン 97	オクラともずくの酢の物 105	■じゃがいも 肉じゃが 80
チーズフォンデュ 100	春菊とみょうがのお浸し 109	じゃがいものグラタン 97
アスパラガスとベーコンの炒め物 104	なすの煮浸し 127	クリームシチュー 98
小松菜のナムル 107	れんこんとみょうがの甘酢漬け 131	ポテトサラダ 132
絹さやのガーリック炒め 108	■もずく オクラともずくの酢の物 105	じゃがいもの甘辛煮 132
揚げピーマンのガーリックしょうゆ 114	■もやし にらともやしの中華風サラダ 112	ポテトフライ 132
ほうれん草とベーコンのソテー 117	もやしのナムル 129	野菜のコンソメスープ 143
かぶとベーコンのロースト 119	もやしとひき肉の炒め物 129	カレーライス 145
キャベツとアンチョビの炒め物 121	もやしのねぎソースサラダ 129	■山いも とろろ汁 135
ごぼうのから揚げ 123	■レタス レタスとじゃこの煮浸し 130	山いもの梅肉あえ 135
セロリとじゃこの炒め物 124	レタスのスープ煮 130	山いもの香味揚げ 135
大根のステーキ 125	レタスとのりのサラダ 130	
なすのナムル 127	レタスのスープ 142	**卵**
白菜の中華風サラダ 128	■れんこん 炒り鶏 80	鶏の照り焼き 70
もやしのナムル 129	五目豆 85	鶏ささみのピカタ 73
もやしのねぎソースサラダ 129	れんこんとみょうがの甘酢漬け 131	鶏手羽先とゆで卵のお酢煮 73
きのこのソテー 136	れんこん香味揚げ 131	ハンバーグ 78
きのこのマリネ 137	れんこんのきんぴら 131	鶏つくね 79
玉ねぎスープ 142	ちらし寿司 145	肉シュウマイ 79
■のり・青のり ごちそう納豆 87	■わかめ きゅうりとわかめの酢の物 122	納豆鍋 88
レタスとのりのサラダ 130	豆腐とわかめのみそ汁 138	オムレツ 91
山いもの梅肉あえ 135	わかめのみそ汁 139	スクランブルエッグ 91
ざるそば 147	わかめスープ 141	う巻き 92
焼きそば 148		だし巻き卵 92
■白菜 白菜のクリーム煮 128	**きのこ類**	味つけ卵 93
白菜の煮浸し 128		
白菜の中華風サラダ 128	■えのきだけ きのこの当座煮 136	

温泉卵	93
ハムエッグ	94
茶碗蒸し	94
かに玉	95
卵と三つ葉の信田煮	95
トマトと卵の中華炒め	111
にら玉	112
カリフラワーかき玉あんかけ	120
とろろ汁	135
鶏団子の根菜みそ汁	140
かき玉汁	141
ちらし寿司	145
チャーハン	146
ラーメン	148
パンケーキ	150
フレンチトースト	150

こんにゃく

炒り鶏	80
五目豆	85
豆腐けんちん汁	141
五目炊き込みごはん	146

乳製品

■牛乳　スクランブルエッグ	91
えびグラタン	97
ミルクコーンスープ	98
クリームシチュー	98
チーズフォンデュ	100
かぼちゃのポタージュ	143
にんじんのポタージュ	143
パンケーキ	150
フレンチトースト	150
■チーズ　えびグラタン	97
ピザトースト	99
チーズたっぷり焼きカツレツ	99
チーズフォンデュ	100
クリームチーズとアボカドのサーモンロール	100
ブロッコリーのチーズ焼き	116
■生クリーム　オムレツ	91
じゃがいものグラタン	97
チンゲン菜のクリームあんかけ	110
白菜のクリーム煮	128
■ヨーグルト　かぼちゃのサラダ	106
きゅうりのヨーグルトサラダ	122
ポテトサラダ	132

豆類・大豆加工品

■油揚げ　揚げ納豆	87
卵と三つ葉の信田煮	95
チンゲン菜と油揚げのさっと煮	110
水菜と油揚げのサラダ	118
大根と油揚げのサラダ	125

油揚げのみそ汁	139
五目炊き込みごはん	146
■大豆　五目豆	85
大豆と豚肉のドライカレー	86
大豆と昆布の煮物	86
■豆腐　豆腐のステーキ	83
肉豆腐	83
揚げ出し豆腐	84
麻婆豆腐	84
納豆鍋	88
春菊の白あえ	109
豆腐とわかめのみそ汁	138
豆腐のみそ汁	139
豆腐けんちん汁	141
■納豆　ごちそう納豆	87
揚げ納豆	87
納豆鍋	88
納豆のかき揚げ	88
■ミックスビーンズ　チリコンカン	85

果実類・果実加工品

■アボカド	
クリームチーズとアボカドのサーモンロール	100
■ゆず・ゆずの皮　鮭のゆず塩麹漬け	59
ぶりのみぞれ椀	61
白菜の煮浸し	128
里いもの揚げ出し	133
■りんご　春菊のサラダ	109
■レモン・レモン汁　鮭のムニエル	62
あじフライ	64
えびフライ	66
かきフライ	68
鶏のから揚げ	70
ビーフステーキ	76
春菊のサラダ	109
にんじんのサラダ	113
パプリカとツナのサラダ	115
きゅうりのヨーグルトサラダ	122
セロリとツナのサラダ	124
ポテトサラダ	132
さつまいものレモン煮	134
■レーズン　かぼちゃのサラダ	106
にんじんのサラダ	113

種実類

■ぎんなん　茶碗蒸し	94
■ごま・ごまダレ　アスパラガスのごまあえ	104
かぼちゃの韓国風揚げ浸し	106
小松菜のナムル	107
いんげんのごまあえ	108
春菊のサラダ	109
春菊の白あえ	109
にらのお浸し	112
にらともやしの中華風サラダ	112

ほうれん草のごまあえ	117
蒸しキャベツのごまダレかけ	121
ごぼうのきんぴら	123
ごぼうのサラダ	123
なすのナムル	127
蒸しなすのごまあえ	127
もやしのナムル	129
里いものごまみそあえ	133
大学いも	134
とろろ汁	135
わかめスープ	141
レタスのスープ	142
■ピーナッツクリーム	
小松菜のピーナッツソースあえ	107

ハーブ類

■タイム　かきの和風ソテー	68
ローストチキン	72
■ハーブ　鮭のムニエル	62
鶏のトマト煮	71
ビーフステーキ	76

漬け物類

■梅干し・練り梅　いわしの梅干し煮	65
鶏むね肉とみょうがの梅煮浸し	72
きゅうりの梅おかか	122
山いもの梅肉あえ	135
■キムチ　納豆鍋	88
■たくあん　ごちそう納豆	87
■メンマ　ラーメン	148

主食・粉類

■餃子の皮・シュウマイの皮・生春巻きの皮	
餃子	78
肉シュウマイ	79
水菜とスモークサーモンの生春巻き	118
■米・ごはん・酢飯　にんじんのポタージュ	143
ちらし寿司	145
カレーライス	145
五目炊き込みごはん	146
チャーハン	146
■そうめん　そうめん	147
■そば　ざるそば	147
■中華麺　ラーメン	148
■パスタ・マカロニ　えびグラタン	97
ミートソーススパゲッティ	149
■パン　ピザトースト	99
チーズフォンデュ	100
サンドイッチ	149
フレンチトースト	150
■麩　麩のみそ汁	140
■ホットケーキミックス　パンケーキ	150
■焼きそば　焼きそば	148

Profile

監修　松本仲子（まつもと　なかこ）

1936年旧・京城（現ソウル）生まれ。福岡女子大学家政学部卒業。女子栄養大学大学院修士課程修了。聖徳大学大学院兼任講師。女子栄養大学名誉教授。医学博士。「調理法の簡略化が食味に及ぼす影響」などの研究を行う。著書に「家庭料理の底力」（朝日新聞出版）、「調理と食品の官能評価」（建帛社）、監修に「下ごしらえと調理のコツ便利帳」（成美堂出版）など多数。

調理・スタイリング　上島亜紀（かみしま　あき）

1967年神奈川県出身。料理家・フードコーディネーター&スタイリストとして女性誌を中心に活躍。企業のレシピ監修、提案も行う。パン講師、食育アドバイザー、アスリートフードマイスター取得。簡単に作れる日々の家庭料理を大切にしながら、主宰する料理教室「A's Table」では、楽しくて美しいおもてなし料理を提案している。著書に「毎日かんたん！作りおき&ごちそうおかず」（ナツメ社）、「野菜たっぷりスープの本」（朝日新聞出版）などがある。

Staff

撮影　田中宏幸
デザイン　羽田野朋子
編集・構成　丸山みき（SORA企画）
編集アシスタント　岩本明子（SORA企画）
栄養計算　角島理美
イラスト　上路ナオ子
校閲　本郷明子
企画・編集　森香織（朝日新聞出版 生活・文化編集部）

1日にとりたい食品と量がわかる　きほんの献立練習帳

監　修　松本仲子
発行者　須田剛
発行所　朝日新聞出版
　　　　〒104-8011　東京都中央区築地5-3-2
　　　　電話　(03)5541-8996（編集）　(03)5540-7793（販売）
印刷所　図書印刷株式会社

©2014 Asahi Shimbun Publications Inc.
Published in Japan by Asahi Shimbun Publications Inc.
ISBN　978-4-02-333014-6

定価はカバーに表示してあります。
落丁・乱丁の場合は弊社業務部（電話03-5540-7800）へご連絡ください。
送料弊社負担にてお取り替えいたします。

本書および本書の付属物を無断で複写、複製（コピー）、引用することは
著作権法上での例外を除き禁じられています。また代行業者等の第三者に依頼して
スキャンやデジタル化することは、たとえ個人や家庭内の利用であっても一切認められておりません。